THE PLATINUM COMPANY

―100の処方箋で人手不足を乗り越えて―

土橋 純二郎
Dobashi Junjiro

風詠社

はしがき

「人は城、人は石垣」とは戦国武将武田信玄が残した言葉である。爾来400有余年の月日が流れ、今尚、経営者の身に重く迫ってくる言葉であろう。

これは、経営者を守る盾として従業員を使おうといった程度のけち臭い言葉ではなく、従業員こそ至宝であると解釈するのが正しい。

2012年12月26日に第2次安倍内閣が発足し、アベノミクスのもと、またたくうちに、円安、株高、地価上昇（都市圏）、2020年東京オリンピック・パラリンピック開催決定、大阪にはIRや万博と当分話題は尽きない。そして人手不足に見舞われた。この一連の現象は偶然ではなく必然であり、決して甘く見てはならない。まだまだ入り口に立ったに過ぎず、それぞれの指標は早晩バベルの塔に届くほどの数値を示すであろう。思えば、バブル崩壊後、日本経済は失われた20年と揶揄されたものだが、この間、株価や地価の下落ばかりでなく、あらゆる商品とサービスのデフレスパイラルが進展したのであるが、これは雇用の分野も例外ではなかった。リストラ、賃下げ、非正規雇用、就職氷河期などマイナス言葉を散々聞かされてきた。ところが第2次安倍内閣発足と共に時計の針が急速に逆に回りだしたことに、本書の読者ならば先刻気がついているだろう。経済学をひもとけば、景気循環として約40カ月周期のキチン循環（在庫の波）、10年周期のジュグラー循環（設備投資の波）、20年周期のクズネッツ循環（建設需要の波）、50年周期のコンドラチェフ循環（産業革命や戦争の波）を見つけることができる。少なく見てもキチン循環、ジュグラー循環、クズネッツ循環が重なったと言われる今、この20年の時間の重さを受け止めたいものである。

こうした状況のなかで、繰り広げられる現今の求人活動は、残念ながら寒々しいものと言わざるを得ない。２０００年に15歳から65歳までの生産年齢人口が6、５００万人であったのが、２０１４年に初めて減少に転じた。２０５０年には5、０００万人まで減少すると見込まれている。その風景は、池の魚が毎日毎日少なくなっていく釣堀で、のんびり釣り糸を垂れているに等しい。潮目が変わった今まさに、人手不足という名の椅子取りゲームが始まったのである。ここで断言する。奇策は何一つない。あるのは薄皮一枚、そしてまた一枚積み重ねる愚直な努力のみである。

本書執筆に際しては、法律論に偏ることなく、それでいて単なるノウハウ本に堕することなく本音本気で語ることを心がけた。それがため、（前序）第1章では、僭越ながら「正しい考え方を持つ」を執筆した。時間のない読者はこの章だけでもご一読いただきたい。そして、（序）第2章は「労務」、（破）第3章は「人事」、（急）第4章では「働き方改革（生産性向上）」と段階的にステップアップできる構成とした。

筆者がこれまで生かされてきたなかで体得した、ささやかな経験知とわずかばかりの専門知を駆使することで、読者の企業が、もはや国難とも言うべき「人手不足」問題を乗り越えて、従業員と共に「プラチナ企業」として力強い第一歩を踏み出す手がかりとなることを期待して本書を上梓した次第である。そして、これが経営者の為のみならず国民各層の「地の塩、世の光」となりうることを強く願うところである。

目次

破

第3章　人事

急

第4章　そして働き方改革

前序

第1章　正しい考え方を持つ

第1話　人は人を大切にする会社に集まる

どちらの経営者も、こちらの経営者も経営者として今在るということは、並々でない努力をし、想像を絶する苦難を乗り越えてきた人であることは容易に想像がつく。そして、運と縁とに恵まれた人であったとも思う。改めて本書の読者である経営者の皆様に敬意を表したいと思う。そうであるだけに、自信や誇りが全身に充満し、老若男女を問わず、成功した経営者は美しくなっていく。数々のステイタスシンボルを身にまとうことは自身への当然のご褒美であり、素敵なことだ。しかし、これも度を過ぎると本人も気づかぬうちに傲慢と映り、醜い自己顕示となって外へ向けて拡大していく。

この世の主人公は経営者一人だけと思いたいのであるが、多様性の時代を迎えて、今や従業員一人一人、求職者一人一人が自分を中心に考える時代である。太陽王であるならば、これら小惑星を上から支配するのではなく、世話人として束ねていく度量が必要なのである。平たく見せて接し、「少しだけ経営者の自己顕示欲を抑える」ことで、彼らの傷口に塩を塗るような行為が避けられる。

「経営の大道とは」と問われるならば、答えは簡単で、「若い人たちを如何に導き人物として育て上げたか」であると信じている。優れた商品やサービスを世に送り出し納税するだけでも極めて困難で立派なことであることは十分承知しているつもりであるが、これらは経営の大道を語るうえでの前提条件である。とりわけ売上や利益の金額では大企業に遠く及ばない中小企業であれば、次代の人物育成に勝る価値は到底見出せないであろう。

「お金はお金を大切にする人に集まる」との黄金律があるが、「人は人を大切にする会社に集まる」というのが本稿の主題である。筆者のもとには、ハローワークに出したが１人も応募がない。どんな媒体が良いのか?といった類の質問が頻繁に寄せられるが、比較優位な媒体をお伝えしたところで根の部分が変わらないことには、対症療法でしかない。

「アメリカンファースト」とはアメリカはトランプ大統領の言であって、世界の警察官としての座を降りるということだと解釈している。人を集めたいと思うならば、「従業員ファースト」。第一優先に「従業員に何をしてあげられるか」の発想ができる経営者となっていただきたい。「従業員に何をしてもらうか」はその次で良いではないか。「要領はない。損も得もない。全ては長期清算されていく」つまりは、経営者自ら、人を大切にする会社について真摯に考え、行動するところからスタートするしかないと思う。

第2話　世話人に徹する

いくつかの団体で会長、副会長、事務局長、委員長などの立場を経験させていただいた。最近はそのトップを会長や理事長ではなく代表世話人と呼ぶところが増えてきたように感じる。名は体を表すとは良く言ったもので、代表世話人との呼称こそ時代方向性として正しく、従業員からメンバーから現代のトップに求められるものであろう。

「君臨すれども統治せず」とはビクトリア女王時代のイギリスの政体を表した言葉であるが、人手不足時代と向き合う企業のガバナンスとしてはふさわしいものではない。騙されたと思って只ひたすら世話人に徹し、「君臨せず、統治もせず」で取り組んでもらいたい。毎日朝一番に出社してシャッターを開ける。玄関やトイレの掃除をする。冷暖房を入れる。従業員の顔色や健康状態を気づかい、飲み物や昼食の手配をしてあげる。夜には電気を落として最後に帰る。この風景は一昔前なら番頭さんの仕事ということになるのだろうか。しかしながら、従業員はそんなに馬鹿ではない。きっと感じるにちがいない。その変化を。その愛情を。

イソップ物語の「北風と太陽」をご存じだろう。下手な命令や強制、果ては罵声や叱責は北風でしかない。こんな北風が人の心を動かすはずもなく、逆効果になるのが通り相場であって、早晩お互いがストレスを抱え込むことになろう。人手不足に悩む企業の経営者なら世話役に徹し、太陽政策に打って出ようではないか。

永年にわたって数多くの企業や団体のトップを観察してきたが、このように世話人に徹し、「マメに動く」トップだけが人の心を捉えている。最終的には多くの従業員に愛され、最も君臨し、最も統治していくことができる。

第3話　企業の存在意義を問い直す

「喜人開道」という言葉がある。筆者は、サラリーマン時代の上司でその後、阪堺電気軌道株式会社の社長を務められ、現在は孔子や孟子をはじめ東洋思想のコンサルタントとして活躍されている楠正宏先生から今尚定期的に人生各般のご指導をいただいている。この方から最近になってご教示いただいた言葉である。この言葉に心をわしづかみにされてしまい、今は、座右の銘として我が家の宝物にさせていただいている。

このように、個人にとって生きる軸としての座右の銘があれば、混迷の時代を生きるに際して、迷うこと少なく、ぶれずに強く生きていける。であれば、企業についても同様のことが言えるのではないか。ある。経営理念や社是・社訓がそうではないか。企業の創業者ならば、その草創期において溢れんばかりの熱い思いで企業を立ち上げたことであろう。この企業の魂とも言うべき熱い思いこそ背骨であり、存在価値であり、従業員にとっては働く意義につながってくる。是非共、経営理念や社是・社訓を作り上げてほしい。活字にして社内だけでなくホームページや会社案内などに掲出し、朝礼などでも繰り返し全員で唱和することで血肉化させる。こうして絶やさず次の時代へとつないでいける強い企業、魅力ある企業であってほしい。

日本企業の経営理念や社是・社訓に対して、欧米企業にはミッションステートメントというものが存在する。自社のステークホルダーに対しての考え方を表明するものである。ステークホルダーとして、顧客としての得意先だけでなく、仕入先、株主、金融機関、従業員、地域社会、環境などに対する使命の表明となる。とりわけ、従業員に対するミッションはＥＳ（従業員満足）との、地域社会に対するミッションはＣＳＲ（企業の社会的責任）との関連性が深いのでそのベクトルや内容が問われることになる。グローバル時代の経営を前提にして経営の見える化を考えた場合、ミッションステートメントは万人に理解されうるものと評価している。

このような時代を迎えて、単純に「待遇」よりも就職する企業の存在価値、誇りや働き甲斐といった「精神」を重視する若年求職者が少なからず存在することをご理解いただき、考え行動してほしい。

第4話　金持ち喧嘩せず

「以和為貴」。これは、ご存じのとおり日本で最初に作られた法律　聖徳太子の「十七条憲法」の第一条である。これこそ宗教云々ではなく日本人の根源をなす思想であり、威のあるルールと考える。当時、大陸では隋が隆盛を極め、その力は朝鮮半島から日本にまで及んでいたと聞く。十七条憲法の時代からは１４００有余年の月日が流れた。我が国にとって中国や韓国など近隣諸国との外交関係は今尚デリケートであるし、相互に良き自己主張はするも、中東であるようなエンドレスで不毛の喧嘩はしない。よって、今も昔も「以和為貴」の4文字は国内外にいぶし銀のように重い光を放ち続ける。

恥ずかしくも、運動神経に恵まれない筆者であるが、かっては合気道に興味を持ち、数年にわたり合気会の道場に通っていた。合気道は、大正末期に日本の古武道をその始祖和歌山は田辺出身の植芝盛平が集大成したもので手刀や杖なども使い、回転を特徴とする柔術といえる。相手を傷つけないで関節などを極め、戦意喪失させることを目的としている。

合気道は、相手の力を利用すると喧伝されているが、これは少し違っていて、相手の力を応援し、弾みをつける。行きたいところに行かせてあげることで、相手は力余って倒れてしまうと説明するのが正しい。柔道、剣道、空手など数ある日本の武道のなかで、まさに「金持ち喧嘩せず」を体現する最も素晴らしい武道のひとつと認識している。

従業員との関係も「金持ち喧嘩せず」でいきたいところだが、悲しいかな、厚生労働省の発表「２０１７年度個別労働紛争解決制度の施行状況」によると、総合労働相談は１１０万4、７５８件で10年連続１００万件超、内容は「いじめ・嫌がらせ」が6年連続トップの座を占めている。

現今の労働トラブルの多くは「こんにちは個別労働紛争、さようなら労働組合」という趨勢であって、社内に存在する目に見えないアルカイダとの戦いが常態化することで労使関係は混迷の度を増している。これら個別労働紛争の多くは、紛争解決機関による「あっせん」、「労働審判」、「民事訴訟」などの手続きを経て金銭解決していくことになるのであるが、読者の皆様にはこんな後ろ向きなことにエネルギーは使ってもらいたくない。もっと言えば、労働トラブル＝喧嘩の多い企業に人は集まらないというのが大前提。こうした企業はＩＰＯやＭ＆Ａも叶わない。労働トラブルは、「以和為貴」の心で予防しよう。

第5話　従業員にかける言葉はこの3つだけで良い

菩提寺を通じて、また地域や学校などを通じて仏教やキリスト教など種々の宗教の考えに触れる機会が与えられた。行き着くところは表現の違いこそあれなぜか「感謝」。

この世の成功と幸福、意外に思われるかもしれないが、一般的にはこの2つの概念はトレードオフの関係にあって両立させることは極めて困難ではないかと思う。簡単に2つに割り切れるものではないし、本人の感じ方にも左右されるだろう。数多くの経営者とお会いしてきたが、成功者や幸福者にびっくりするほど共通した価値観。これも「感謝」。

この現実をどのように解釈すべきだろうか。鶏が先か、卵が先か。筆者にわかるはずもないが、この際は宗教者、成功者や幸福者にあやかって同じ考えを持ち、同じ言動を取ろう。まずは感謝の気持ちを伝えよう。美しい感謝の気持ちは美しい感謝の言葉となり、言霊となって永遠に残るだろう。

大阪弁で申し訳ないが、60年近く生きて、30年近く従業員と机を並べて仕事に取り組み、絞って乾いた雑巾をさらに絞って最後に出る一滴の言葉だと思って聞いてほしい。従業員にかける言葉は、この３つだけで良い。

・「頼むわ」

・「すまんな」

・「ありがとう」

汚い言葉を吐きたくなったら、６秒だけ我慢して経営者の胃袋に収めるのである。（アンガーマネジメントの鉄則）

ただこれだけの実践で、従業員との関係は全てが上手くいき始めるから不思議でもあり、また当然でもある。

労災保険
雇用保険
企業年金
厚生年金保険
退職金規程
健康保険
賃金規程
就業規則

序

第2章　労務

第6話　労災保険に入る

物事には順序があり、ＡＢＣと順を踏んでいくのが作法である。いきなり、やれ賃金だ、やれ人事評価だと結果だけを求める近視眼的な経営者になっていただきたくはないのである。その意味で労務を整備していくことの重要性は、建築物の基礎の重要性に等しい。基礎がしっかりしていないと、その上の土台や柱は砂上の楼閣としかならないからである。

千里の道も労災保険からである。当然これは正社員であれパートであれ１人でも従業員を雇っている企業は法律で強制加入とされている。しかしながら、24時間３６５日対応の民間の損害保険に入っているから大丈夫との浅はかな理由で労災保険に未加入の企業が数多く存在することも事実である。民間の損害保険を攻撃する気持ちなどさらさらないが、通勤災害や業務災害で不幸にも死亡事故や重篤な障害が残る事故に遭遇した場合、遺族や障害者本人に対して、一生涯にわたって年金として支給されるのはこの労災保険をおいて他にない。損害保険は、労災保険の上乗せで加入すべきが本来の姿である。

中小企業では、社長や副社長、専務、常務など役員、家族従業員など「中小事業主」が一番危険な業務に従事していることが多いのであるが、それにも関わらず労災保険に加入できないという悲しい現実、法律の壁が立ちはだかっている。今や労災事故は建設業や製造業のみならず医療・介護施設でさえ、注射針による医師や看護師へのエイズ・肝炎感染など危険だらけなのである。建設業の現場などでは、「一人親方」の労災保険加入員証を見せないと構内現場に入れない仕組みになってきた。これなど中小事業主、一人親方の労災保険加入問題は、最寄りのＳＲ経営労務センターなど労働保険事務組合を通じて事務の委託をすることで解決できるようになっているので、お困りのむきは活用されたい。

第７話　雇用保険に入る

雇用保険は、従業員にとって生活のセーフティーネット。失業したときは当然のこと、再就職したとき、育児休業や介護休業したときの生活を支えるインフラである。従業員にとってこれほど大切な雇用保険に加入しないという選択は、知らなかったでは済まされない法律以前の問題ではないかと思うし、経営者として失格だとも思ってしまう。
現実に遭遇した話として、雇用保険に未加入の企業に勤務する従業員が退職に際して、本来なら失業保険から支給されるであろう金額をその企業に請求し、企業としては支払わざるを得なかったという事案があった。その金額が10万円や20万円ではなかったので、他人事ながら法令遵守したほうが良かったのにと感じた次第である。

マイナスの話だけでなく、プラスの話もしてみたい。今や雇用助成金が時代の寵児としてもてはやされている。人を雇ったとき、パートや契約社員を正社員に転換させたとき、健康診断を受けさせたとき、社員教育を行ったとき、等々枚挙にいとまがないほど種類が多いことに驚かされる。これら雇用助成金は雇用保険2事業として雇用保険料を財源として支給されている。決して悪い話ではない。融資と違って、返済不要の政府からの助成金なのである。

ここで、誤解してもらいたくないので声高に言う。何の努力もせずにじっとしていて支給される雇用助成金はひとつもない。政府の雇用政策に向けて努力し、ハードルを飛び越えた企業に限り支給されるのである。その部分で企業の労務水準が向上していく素晴らしい制度だと言える。

第8話　健康保険に入る

本来、健康保険の加入は法律で義務づけられており、ここで声高に処方箋として紹介するにふさわしい内容とは思えないのであるが、法律の建前と現実は大きく乖離している。悲しいかな製造業でさえ90％程度、建設業に至っては60％程度の適用率に留まっている。この解消のため、現在厚生労働省と全国社会保険労務士会連合会が二人三脚でもって未加入事業所の適用に取り組んでいるところである。

健康保険は、働く従業員や家族にとっては私傷病時の治療代だけでなく傷病手当金として休業補償までカバーするセーフティーネットであり、生活の基盤を支えている。対して企業にとっては租税と同様に社会的責任の中核を構成している。

現在採用活動の主たるターゲットとなる「ゆとり世代」（概ね１９８７年から１９９６

年生まれ）は、それ以前の世代と比べてＩＴリテラシーの高さなど優秀な要素も多い反面、「不安」の文化を持つ若者が多いように見受けられる。彼らが学生時代の日本経済の厳しさなど時代背景を考えると、その心の態度に一定の理解を示していこうという気にもなる。彼らにすれば健康保険の未加入企業など、自身の将来を託すには不安が大きすぎてあり得ない。入り口から対象外との判断に傾かざるを得ない。

この健康保険だが、２０００年に介護保険制度がスタートして以降は、健康保険料に介護保険料を含めて一括徴収されることになった。肝心の健康保険料は、少子高齢化に伴って、医療費負担が増大していることもあって、思いのほか高額である。（２０１８年4月分からの東京都の企業負担月額　月額賃金30万円の例：40歳から64歳までの従業員17､２０５円、それ以外の従業員１４､８５０円）

それでも法令遵守する企業だけが最終的に生き残るというのが筆者の信念。実際、２０１７年4月以降は厚生労働省と国土交通省が連携して、建設業許可の更新や経営事項審査に際して健康保険未加入企業を排除していく方針が強く打ち出された。同時に、公共工事などでは健康保険料の企業負担分を上乗せして発注されることになった。この件は、重層的な建設業の仕組みのなかで不完全ながらも少しずつ浸透しつつある。建設業を営む企業にとっては、影の部分として保険料の負担。光の部分として明日の完成工事高。このハードルを乗り越えられるか否かが永続企業となれるか淘汰される企業になるかの分水嶺である。古代ローマ時代のカエサルになったつもりで、力強くルビコン川を渡ってもらいたいものである。

第９話　厚生年金保険に入る

「年金崩壊」といった根拠のないマイナス言葉が流布して久しい。「自分たちの時代にはどうせ貰えない年金は要らない。健康保険だけ作りたい」との声も聞くが厚生年金保険と健康保険は２つセットで社会保険なのであり得ない、やたけたな（＝無茶苦茶な）話である。

２００７年には社会保険庁の約５、０００万件もの年金記録問題が表面化し、これを端緒に厚生年金に対する世間からの風当たりがきつくなって、とうとう社会保険庁の解体、日本年金機構の誕生という結果になった。

ことここに至って、ようやく政府も動き始め、人口の減少や平均余命の伸びなどに合わせて年金の給付水準を自動的に調整する「マクロ経済スライド」を２０１５年度に初めて発動したほか、２０１７年からは公的年金を貰うために必要な期間を25年から10年に短縮するなど、制度の安定や信頼回復に向けての努力がスタートした。

そもそも公的年金制度である厚生年金保険は、現役世代が払った保険料を高齢者に給付する「世代間での支え合い」の仕組み（賦課方式）を採用しているため、損得計算にはなじまない。個人年金とどちらが有利かとの質問も多いのであるが、老齢厚生年金だけでなく障害厚生年金や遺族厚生年金など幅広い機能を持つ厚生年金保険と私的年金制度である個人年金とは比較対象ではない。まずは厚生年金保険、余裕があれば個人年金との考え方を持つのが正しい。

確かに、サラリーマンの賃金明細を眺めると、厚生年金保険料は所得税、地方税、健康保険料、雇用保険料など控除項目のなかで、一般的には最も高額であり、健康保険同様に同額を会社が負担することになっている。（２０１７年9月分からの会社負担月額　月額賃金30万円の例：２７、４５０円）保険料が高額なだけあって、年金支給額も以前に比べて下がったというものの国民年金と比べると決して悪い数字ではない。（２０１７年度の新規裁定者の年金額の例として国民年金：老齢基礎年金満額１人分が月額６４、９４１円

に対して厚生年金：夫婦２人分の老齢基礎年金を含む標準的な年金月額が２２１、２７７円）

労働保険（労災保険、雇用保険）、社会保険（健康保険、厚生年金保険）という４つの公的保険に加入して、やっと入り口の入り口に立てたと思っていただきたい。「凡事徹底」当たり前のことを当たり前にできる会社になっていただきたいのである。

第10話　就業規則を作る

アメリカ流の契約社会の習慣が我が国においても少々根づいてきたように思われる。その証左が、町工場での面接で求職者が経営者に対して「この会社、就業規則ってあるんですか?」と平気でのたまう。労働基準監督署の臨検調査などの場面では監督官から「就業規則にはどう記載されていますか?」と質問されることしばしば。といった時代が到来したからである。

こうした契約社会とも言える時代が到来した以上、次の２つの視点から就業規則を作成することを提唱したい。

1つは、本書の主題である人手不足解消の視点からである。昭和の時代には、俺が就業規則だと豪語する頼もしい経営者が少なからず存在した。しかし、このスタイルは、すぐにマニュアルを求めるゆとり世代にはもはや通用しない。労働時間・休憩・休日・有給休暇といった労働条件をルール化し、尚且つ可視化していくことで、安心して入社できるというものである。第11話　賃金規程、第12話　退職金規程の他にも育児休業規程、介護休業規程、限定正社員規程、契約社員規程、パート社員規程、嘱託社員規程、出張旅費規程なども、この機会に作成しておくと尚一層安心だろう。一見して煩わしそうな規則を並べたが、逃げずに追いかけてほしいものである。

2つは、問題社員から企業を守る視点からである。労働トラブルによる相談件数が厚生労働省の総合労働相談コーナーだけを見ても、ここ数年は毎年100万件を超えている異常さである。2008年に労働契約法が施行されたことで、企業と従業員の間で交わされた基本契約書としての就業規則の位置づけが大いに高まったことは否めない事実である。サービス残業、現代型うつ病、機密保持、競業避止などの問題と法的に向き合い、問題社員から企業を守る唯一の武器としての就業規則の作成は、今や全ての経営者にとって喫緊の課題と言えよう。

第11話　賃金規程を作る

「人はパンのみにて生くるにあらず」とは聖書にある有名な言葉であるが、反対に言うと、従業員にとって、働く目的の中心が唯一の糧としての賃金にあることもまた事実ではないか。第10話では就業規則に始まって種々の規程作成の必要性を申し述べたが、このなかで従業員の一番の関心は賃金規程にあると断言してほぼ間違いなかろう。

従業員が賃金規程に関心を持つのは当然のこととして、ここで筆者は、次の２つの理由から経営者の皆様にこそ賃金規程に対して並々でない関心を寄せていただきたいのである。

１つは、賃金規程こそが従業員に何をしてほしいのか、何にお金を支払うかの意思表示だと思っている。このピントがぼやけていて、経営者が基本給や各手当の主旨目的を説明できない企業が余りにも多すぎる。これでは、従業員は忙しく働いているふりをして時間を過ごすしかない。お互い不幸な関係とはこのことだ。

そこで、「基本給とは」、「○○手当とは」、を今一度問い直し、鋭角的に再定義していただきたい。それぞれの手当の支給対象者、支給金額を決めるだけでなく、そこに競業避止の対価や時間外や休日労働の対価がどの範囲まで含まれているのか否かを記載しておきたい。

2つ目は、サービス残業の問題解決のひとつとして、就業規則と並んで賃金規程の整備は欠かせないものとなってくる。

仮に、9時始業18時終業、週休2日制の会社で基本給30万円の従業員が毎日22時まで4時間サービス残業していた場合、この問題が表面化したときの請求額は概算で次のとおりとなる。

30万円／160時間（1時間単価）×4時間×20日×24カ月（時効）×1・25倍（割増率）×2倍（付加金）＝900万円

ここに、弁護士費用や遅延損害金が上乗せされると1、000万円の大台乗せは必至となる。既に退職した従業員も対象になるので、10人ほどつるまれると企業存続の危機を迎える羽目となる。

最近は、固定残業制を採用している会社も増えてきたが、ここに落とし穴が存在することを忘れてはならない。高校や大学の新規学卒者採用は無論のこと、民間媒体による中途採用でさえ、固定残業制を採用している企業はブラック企業との烙印を押され、学生など求職者は見向きもしない現今の状況である。気軽な気持ちで固定残業制を採用することを戒めたいのである。

第12話　退職金規程を作る

我が国における退職金制度の源流は、江戸時代の商家で使用人が独立するときに行われた「のれん分け」制度にあるとされている。

退職金については、功労報奨説（経営者の考え方）と賃金後払い説（従業員の考え方）の２説存在する。筆者などは学者ではないのでどちらでも構わないと思っているし、退職金というものは功労報奨と賃金後払いの双方合体したものだと認識している。どちらにしても、退職金制度の有無、そしてその中身は人手不足の時代に従業員を採用し、安定雇用していくうえで有効な手立てになることは間違いない。

退職金を饅頭に例えるならば、饅頭の皮と中身の餡子を準備する必要がある。ここでは、退職金制度が饅頭の皮であって、積立方法が饅頭の餡子だと思ってほしい。経営者にとっては40年先の先日付小切手を出すような話なので、退職金という饅頭作りには慎重さが求められることは言うまでもない。

退職金制度としては、①基本給を基礎にする方法、②基本給と切り離して第2基本給を基礎にする方法、③賃金と切り離してポイント制を基礎にする方法などがある。①の基本給を基礎にする方法がオーソドックスではあるが、新入社員が定年退職するまでの約40年間、大きな経済社会の変化があったとしても基本給と退職金が紐付けである以上、どちらも触れないことを念頭に置いていただきたい。そう考えると、かなりリスクの高い方法だと言わざるを得ない。

積立方法としては、社内で積み立てていくか、社外で積み立てていくか選択することになる。社外で積み立てるならば、政府系の中退共や商工会議所系の特退共がオーソドックスな手法であるが、生命保険を利用して退職金準備を図ることや第13話で詳述する企業年金の利用も選択肢のひとつとなってこよう。

上述したなかで、中退共などは万一不幸にも企業が倒産しても直接従業員に支払われる安定・安全な制度であり、加えて新規加入時などには企業に助成がなされるなど推奨できる制度であるが、オール・オア・ナッシングではなく複数の制度を組み合わせて制度設計されることをお勧めしたい。

第13話　企業年金に入る

日本の年金制度は、全国民に共通した「基礎年金」（国民年金）を基礎に、「被用者年金」（厚生年金保険）、「企業年金」（厚生年金基金、確定給付企業年金、企業型確定拠出年金）の３階建ての体系をなしている。

厚生年金基金は、確定給付型の企業年金制度であり、企業や業界団体などが厚生労働大臣の認可を受けて設立する厚生年金基金が年金資産を管理・運用して年金給付を行う。国の年金給付のうち老齢厚生年金の一部を代行するとともに、独自の上乗せを行っている。

低金利の時代が長引いたこともあって、厚生年金基金は相次ぐ解散に見舞われた。

確定給付企業年金は、確定給付型の企業年金制度であり、企業等が厚生労働大臣の認可を受けて企業年金基金を設立する「基金型」と、労使合意の年金規約を企業等が作成し厚生労働大臣の承認を受けて実施する「規約型」がある。基金型は企業年金基金、規約型は企業等が年金資産を管理・運用して年金給付を行っている。確定給付という性格上、企業にとっては責任の重い制度と言える。

企業型確定拠出年金（ＤＣ）は、日本版４０１Ｋとも呼ばれている。企業が拠出した掛金は個人ごとに明確に区分され、掛金と個人の運用指示による運用収益の合計額が給付額となる企業年金制度であり、従業員のために企業等が規約を作成し、厚生労働大臣の承認を受けて実施する。企業にとっては投資教育など事務負担が重い反面、保険料が確定拠出なので安全な制度。従業員にとってはポータビリティーに優れた制度であると言える。確定拠出年金にはこの他に、60歳未満の公的年金の加入者が金融機関に申し込み、自らが掛金を拠出していく「個人型」が「ｉＤｅＣｏ」（イデコ）との愛称で普及しつつある。

このように、自営業が国民年金という1階建てバスに乗車しているに対して、サラリーマンは厚生年金保険という2階建てバスに乗車している。従来から3階建ての企業年金に加入するなど大企業のする仕事と思われてきた。しかしながら、社会情勢の変化と法改正とが相まって、風向きが変わり、中小企業にとっても企業年金が身近な存在になってきたことをここで特筆したい。

２０１８年5月には、１００人以下の中小企業向けに事務作業を簡素化した「簡易型ＤＣ制度」や個人型ＤＣ（iＤeＣo）の加入者掛金に事業主が上乗せして掛金を拠出することができる「中小事業主掛金納付制度」がスタートしたので、人手不足解決方法のひとつとして検討されたい。

破

第3章　人事

第14話　人事部を作る

大企業にあって中小企業にないもの、その代表選手が人事部だ。経理部（経理担当）はどの会社にも存在するが、人事部（人事担当）は存在しない。従業員が100人超えになって初めて人事総務部（人事総務担当）を1人置き、それも採用、育成、定着、モチベーション、技能承継といった「人事」の仕事ではなく、労働・社会保険、賃金計算、就業規則といった「労務」の仕事に従事させていることが一般的だと思う。

理由は簡単で、中小企業の場合、社長の守備範囲は360度と広く、営業、売上、資金繰り、果ては節税といずれも急を要する仕事がことのほか多い。対して人事の仕事はその性格から急を要するものではなく、問題が表面化するまで相当な時間がかかるわけである。よって、もぐら叩きの経営をしていると、どうしても後回しになってしまいがちな仕事と言える。しかし、長年くすぶっていた従業員の不満が爆発し一旦問題が表面化すると、集団離職、そして人が集まらないといった負のスパイラルに入ってしまい急に慌てふためくことになる。

ここで、人事部を作ることの効用を考察してみたい。

「採用」は、ハローワークと人材会社任せから人事部があれば専用ＨＰ、学校連携、エントリーシートなど攻めの採用体制に入っていける。

「育成」は、人材育成しても評価されず手間が増えるだけだった状況から、人事部により人材育成自体が評価される仕事となるなど、社内の人材育成体制が出来上がっていく。

「定着」は、人事部があればコミュニケーションに軸足を置き、人事制度や人事評価を正しく行い賃金や賞与に差がつくことによって、残ってほしい従業員が辞めるという状況から、残ってほしくない従業員が辞めることになり、定着体制が整うことになる。

「モチベーション」は、一過性のモチベーションアップ研修や飲みニケーションから、人事部があれば人事評価や職場環境の向上を図ることでモチベーションアップが継続的に図っていける。

「技能承継」は、技能承継しても評価されないばかりか降格され賃金を下げられる状況から、人事部があれば評価され、技能承継後の処遇を用意することで技能承継が円滑になされていく。

このようにして、人事部を作るメリットを並べてみたが、人事部を作ることで従業員が成長する。その総和でもって企業が成長する。自社単独で人事部を作ることが難しいようであれば、社会保険労務士などを活用して、社外人事部を作ってでもハードルを飛び越えられたい。

第15話　奨学金を作る

奨学金と聞けば、パブロフの条件反射さながら苦学生を想像してしまう。悲しいかな筆者も含めて昭和の時代に生きた人間の小さな固定観念だと思う。

現実は、大学生の2人に1人以上が奨学金を利用し、そのうち90%が日本学生支援機構（旧日本育英会）の奨学金を利用する時代となった。ならば、まずは日本学生支援機構が実施する奨学金の建付けを知っておきたいものである。種類としては、第一種奨学金、第二種奨学金、入学時特別増額貸与奨学金の3種類存在し、現在は返済義務のある「貸与型」で運営されている。

第一種奨学金は、無利息なだけあって、成績基準と家庭の収入状況と合わせて審査される。しかも、基準を満たしても全員が採用されるわけではなく選抜型の奨学金として位置づけられている。

第二種奨学金は、上限３％の利息付きであるが、成績基準はなく家庭の収入基準さえオーバーしなければ全員が採用される奨学金として位置づけられ、月額で３万円、５万円、８万円、10万円、12万円から選択できる仕組みとなっている。

入学時特別増額貸与奨学金は、上記２つの奨学金とは別枠で50万円を上限に一度だけ借りられる奨学金として位置づけられている。

日本学生支援機構以外の奨学金としては、全国の大学や短期大学が独自に実施する主に返済不要の「給付型」の奨学金、地元にＵターン就職、Ｉターン就職する条件で自治体が実施する「自治体奨学金」、卒業後は一定期間働く条件で医療機関・チェーン薬局・福祉施設が実施する「病院奨学金」、大手系列の新聞販売店で住み込みで働く「新聞奨学金」などが存在する。

たまたまご縁をいただいて、数年来筆者は学生に奨学金を貸与する財団法人の評議員を務めているが、奨学金だの財団法人だのと大袈裟に考えるには及ばない。月額５万円の貸与または給付ならば、年間で60万円の予算があれば優秀な学生１人と奨学金を通じて深いコンタクトが取れること請け合いである。ただし、大学とのコンタクトをはじめ、学生に作文や報告書を書かせたり、食事会を開催したり、マメさが必要なことは申し上げるまでもない。

第16話　インターンシップを行う

インターンシップとは、学生が一定期間（1日〜2週間位）企業のなかで研修生として働き、自分の将来に関連のある就業体験を行える制度である。本書を世に送り出す2018年12月現在で学生の参加率は65%を超え、学生1人が平均2・9社のインターンシップに参加しているほど浸透している。内容によっては、最低賃金以上の支払いが必要となるので注意されたい。

1カ月以上に及ぶ長期有給インターンシップが好評を博する一方で、2017年から経団連の日数規制（5日以上）が撤廃されたこともあって、ワンデイインターンシップが全体の7割以上を占めるなど急増し、就業体験というよりも企業説明会の様相を呈している。

それでも、企業・業界研究だけでなく、従業員との交流を通じて仕事のやりがいなどを身体で感じて帰ってもらえることだろう。

学生からのアクセス方法としては２種類あって、学校経由で応募するものと就職支援サイト経由で応募するものが存在する。知名度の高い大企業に人気が集中するのはどちらも同じである。学校経由のものは、希望者が多ければ、学校内で１次選考し、学校推薦の形で学生を送り込んでいるところが一般的であり、単位として認定されるところもある。企業、学生双方にとっての欠点としては、受け皿となるインターンシップ先の選択肢が少ないことである。対して、就職支援サイト経由での応募は、企業、学生双方ともにエントリー自由と言える。

知名度のない企業、中小企業にも勝機はある。

「プログラム内容」を自社独自で練り上げて、差別化していくことである。これが本筋ではないか。そのためには、ＳＷＯＴ分析などして自社の強みを正しく認識するところから始められたい。

「業界団体」（協同組合等）や「地域団体」（商工会議所等）で合従連衡してインターンシップを受け入れることも一考されたい。筆者が所属する大阪府社会保険労務士会では、既に10年以上も前からこの取り組みをスタートさせ、奏功している。

「学校の校友会・OB会」がインターンシップの窓口となっているところもある。同志社大学経済学部の卒業生組織である「同経会」では、毎年8~9月の約2週間、日本企業の海外拠点にインターンシップ生を派遣し、10~11月には成果報告会などを実施している。経団連加盟企業を中心に、インターンシップと就職とは別の建付けとされているが、これなど本音と建前である。所詮は人間のすること。インターンシップをきっかけとして良きご縁を得ることを願う。

第17話　面接では選考しない

面接となれば多少なりともウキウキした気持ちになるのは一定理解ができる。しかし、ここで油断してはならない。採用面接での質問に関する法律が横たわっているからだ。職業安定法第5条の4では、以下のように定められている。

（第５条の４）

公共職業安定所等は、それぞれ、その業務に関し、求職者、募集に応じて労働者になろうとする者又は供給される労働者の個人情報を収集し、保管し、又は使用するに当たっては、その業務の目的の達成に必要な範囲内で求職者等の個人情報を収集し、並びに当該収集の目的の範囲内でこれを保管し、及び使用しなければならない。ただし、本人の同意がある場合その他正当な事由がある場合は、この限りでない。

ここで、公共職業安定所等とは、ハローワークだけでなく採用企業も含まれるわけで、基本的に業務に関係のない質問は採用面接ではしてはいけないことになっている。その代表例を挙げておく。

・家族のこと（職業、家柄など）
・生活環境
・本籍、出生地
・宗教
・支持政党

・思想
・愛読書
・労働組合や学生運動への参加経験
・結婚、出産予定
・交際相手の有無
・体重や身長、スリーサイズなど体型

これでは窮屈すぎて面接などできないと思われた読者が多いのではないか。しかし、これに違反して求職者から学校やハローワークに通報されると、たちまち呼び出しがかかり、研修など受講させられるはめになる。

面接で質問を浴びせたり選考したりするのではなく、小さな固定観念を捨てて、只々口説くことに力点を置くべき時代になってきた。

中小企業なら、申し訳ないが社長から直接口説いてほしい。なぜかと言えば、仕事を通じての苦楽を前提にして、最も人間として魅力に溢れるのは社長1人だけ、最も仕事の魅力を語れるのは社長1人だけであるからである。業界での存在感、強さの秘密、安定した業績、今後の成長性等々熱く語って口説いてほしい。有効求人倍率は１・62倍、新規求人倍率は２・40倍（２０１８年10月）と競争率が高いのである。読者が採用したいと思う求職者はきっと他社も同じように思っていると考えて間違いない。こうなれば「一日早いが金」の行動が正しい選択となる。面接が終わればその日のうちに連絡しよう。

第18話　作業手順・マニュアルを作る

昭和の時代に社会人となった世代には、作業手順やマニュアルなど便利なツールは存在しなかった。基本的考え方として、仕事は盗むものと教えられ、後姿のリーダーシップが尊ばれたものである。人事異動に際して、引き継ぎといっても、「君、学校出てるんやから、これ読んだらわかるはずや」と言われ、ダンボール１箱ほどのファイルを渡されてしまい。それでも先輩や上司に文句一つ言えない時代であった。今ならパワハラと言われてしまいそうな職場のなかでもたいていの若者は、負けてたまるものかと根性を出した。這いつくばって半人前となり、そして一人前となってきたものだ。ハラスメントだらけの職場環境を当然のこととして24時間365日、会社命で人生を捧げるところに日本経済の強さがあったのかも知れない。

時代は動いた。今やグローバルスタンダード、言葉を言い換えるとアメリカンスタンダードを強いられる時代となった。日本の伝統的な手法で相撲は取れない時代となったのである。欧米を震源として、取引先の大企業からPマーク、ISOなどの宿題が矢継ぎ早に出されるに及んで作業手順やマニュアル時代の幕開けとなった。

ゆとり世代の若者たちは、幼少期から携帯・スマホ、パソコン、ゲームに慣れ親しんで育っているので、取扱説明書、契約書、約款など熟読して行動することが身についている。良い意味でも悪い意味でもこの延長で仕事を捉えている。彼らの多くは真面目なのでマニュアルどおりの仕事はよくやってくれる。反対にマニュアルから少しでもはみ出た仕事に対しては、固まってしまい、手も足も出ないことが多いのである。彼らの長所をさらに伸ばして上手に活用する意味で、また生産性向上や安全衛生を図っていく意味で作業手順やマニュアルの作成が焦眉の急とされる時代となった。

第19話　指導係りを作る

多額の費用をかけて採用活動を行った結果、研修期間や試用期間は楽しいうちに終了、いよいよこれからと担当を持たせた途端に新人に退職されてしまったという苦い経験を持つ読者は少なくないと思う。せっかく採用までこぎつけても、指の間からこぼれ落ちる。これではザル状態である。

確かに、ゆとり世代の若者たちは、アサイン（担当を持たせること）によって責任を持たされることを極端に恐怖に感じる人が多いように見受けられる。しかし、企業にとっては、アサインしないことには仕事にならないので、ここは新人が無事に離陸するまでの助走期間を設けるのが上策である。そのために必要な人員が指導係りである。マンツーマンで仕事のことは何でも聞けるし、教えてくれる先輩を任命しておくと良い。

かねてより、大手企業は指導係りに加えて、メンター制度やビッグブラザー制度と呼ばれる制度の運用によりこの問題を克服してきた。新人とは別の部署で働く入社５年以上の中堅社員に新人のメンターを任命し、公私ともに指導・相談係りとして面倒を見させるのである。飲みに連れていって愚痴を聞いてあげたり、読書課題を与えたりのお兄さん役・

お姉さん役である。もちろん中小企業からは「大手と違って、うちにはそんな余裕はない」との意見が出ることも先刻承知している。であれば、社長のご子息などが30前後にでもなっていれば、彼らに任せることも一計ではないかと思うのである。

指導係りやメンターは社内だけとは限らない。サイボウズ株式会社では、入社式前に両親を職場に招く父母参観を開催している。笑ってはいけない。ここで、事業計画や人事制度について社長自らプレゼンするのである。オタフクソース株式会社など入社式に両親を招く企業が相次ぐ現況である。不安を抱えやすい新人に対して、企業だけでなく両親も同じ土俵で彼らの悩みに乗ることができれば、いち早く職場に慣れてもらえる。そのためには、両親にも職場のことを知ってもらう必要があると考える企業が出始めた。新人に安心して働いてもらうには、今や両親との協力は不可欠な時代に突入したと言える。

第20話　親戚・家族を入社させる

読者諸兄は、自由について考えてみたことがあるだろうか？　本来、自由とは、自治自立した人間が社会的責任を全うしたうえで行い得るものだと筆者は考えている。欧米と違って、市民社会が発展途上にあるこの国で自由が勝手に解釈され、一人歩きした結果が、東京一極集中と地方の衰退、晩婚化と少子高齢化、後継者不足と人手不足などの問題を引き起こしている。そして、この国の衰退を招く結果に至った。つまり、この国において自由と呼ばれるものの多くは、法律には抵触しないので罰則こそないが、自由の仮面を被った我儘放蕩と断じて良い。

子弟が就職するに際して、自由な道を選択させることが一般的な時代となってきた。サラリーマン家庭ならそれも良かろう。反対に、オーナー企業なら、多数のステークホルダーの存在を背景にして、「企業＝家＝財産」（守るべきもの）との考え方が成り立つはずだ。この考え方を土台にして、守るに値する魅力ある企業を作り上げていただきたいものである。個別に見れば、様々な事情があることは充分承知しているが、叶えば、後継者の有力な選択肢として子弟をはじめ親戚・家族を位置づけ、タイミングを計ったうえで良き導きを与えることで相互に責任を果たしてほしいものである。

エンロールという言葉がある。相手に魅力や価値を感じさせて、自分の意志で行動することを促すことである。相手を巻き込むということである。採用活動を考える際、相手

（求職者）をエンロールする力こそ経営者に最も必要とされる能力ではないかと思う。であれば、一番身近な存在であるはずの親戚・家族をエンロールできなくて赤の他人をエンロールできようはずがない。まずは、経営者自身の親戚・家族からエンロールしてみよう。

第21話　従業員を味方につける

経営者と従業員が水と油の関係であることは言い古されてきた。立場が違うどころか真逆なので仕方がないという。しかし、これで話が終われるなら小学生レベルの会話でしかない。数多くの企業を診てきたが、従業員の悪口ばかり言ってる経営者の企業は、経営が上手くいってないと断言できる。なぜかと言えば、「あなたは私の鏡です」、つまり、「従業員は経営者の鏡です」なのである。天に向かって吐いた反吐は経営者の顔にそのまま降りかかってくる。早晩、セクハラ・パワハラ、サービス残業、モンスター社員、うつ病社員などの労働トラブルが頻発するようになり、人手不足に陥ることで、労務管理ができていないことの証左となる。「１００点はどこにもない。従業員の良いところを見つけて承認する。褒める。感謝する」これが経営者にとって労務管理の基本的考え方。

従業員の労務管理を語るにあたって、避けて通れない必読書とも言うべき一冊の書籍がある。帝王学の代表作品として位置づけられている『貞観政要』がそれである。唐朝３００年の基礎を築いた太宗の政治に関する言行を編録した書である。この書に、古語に言ふ、「君は舟なり、人は水なり。水は能く舟を載せ、亦能く舟を覆す」とある。良くも悪くも経営者は従業員次第。従業員は恐るべきものであるという経営者のよく味わうべき言葉と言えよう。

第22話　リファラル採用を行う

アメリカでは既に８割の企業が導入し、採用手法の主流である「リファラル採用」は「社員紹介制度」とも呼ばれ、日本企業が有名大卒や体育会卒の採用で長年行ってきた「リクルーター制」と中身は似かよっているが、またぞろ古くて新しい手法として注目を浴びつつある。これは、従業員から家族、親戚、友人、元同僚などの求職者を紹介してもらって、当然、面接試験など所定の試験を経たうえで最終採用に至った場合、臨時の賞与などを支給するという制度である。紹介してくれた従業員と入社した従業員の双方に10〜15万円程度支給するところも見受けられる。報酬について支給対象者や支給金額は法律の埒外なので、自由設計で良い。

ここで、一旦立ち止まって考えていただきたいのだが、この手法の採用は、あくまでも第21話で解説した「従業員を味方につける」を達成したたした企業だけが成し得るものだと理解してもらいたい。この手法の導入によって、次のようなメリットが享受できる。

1. 知名度のない企業や中小企業でも土俵に上がれる。勝算が見込める。
2. 「待ち」の採用から「攻め」の採用へと人事部の体質を転換できる。
3. 100%成功報酬なので、求人広告や人材紹介に比べて圧倒的に低コストで導入できる。
4. 従業員が求職者の性格などを事前把握できているので、社風に合った人材が集められる。
5. 社外の人間関係を社内に持ち込むので、一体感が醸成され離職の予防につながる。

反対にデメリットもお伝えしておかねばならない。

1. 求職者をエンロールするスキルや力が必要とされる。
2. グループが形成され、派閥となる心配がある。

このように考えると、他人任せの求人媒体や人材紹介会社のみに大金をつぎ込むのは砂漠に水を撒く行為に映ってしまう。今後の採用について、ポートフォリオの重要な柱として「リファラル採用」に取り組み、我が庭に水と肥料を与えて元気な緑を育てよう。

第23話　ダイバーシティを推進する

俗に、目には3種類あると言われている。虫の目、鳥の目、魚の目がそれである。虫の目は、近視眼的な従業員の目である。鳥の目は高みから俯瞰する管理職の目である。さしずめ魚の目は潮流の変化を俊敏に感じ取る経営者の目と言えよう。この魚の目を最大限に活用できない日には、この変化多き時代に生存は許されないのである。そして、今まさに潮目の変化が始まった。

9・11事件を端緒に、国際政治や戦争の在り方が激変したように思う。筆者はどこかの宗教に与する立場でもないが、キリスト教主義、資本主義、そしてグローバルスタンダードという名のアメリカンスタンダード、この実に一元的な価値観の推進とこれに対峙するアルカイダやISという名のゲリラ。こうしたマイノリティとの終わりなき戦いが始まったのである。最近に至っては、アメリカはトランプ大統領の唱える「アメリカンファースト」、中国は習近平総書記が提唱する「一帯一路」。どちらもその本質に変わりはないので、北朝鮮、台湾、フィリピン、チベット、ウイグルなどマイノリティとも言うべき周辺諸国や周辺地域と未来永劫にわたって紛争を続けて消耗していくのか、多様性を認めてこれを生かし繁栄していけるのか、その力量が問われることになる。

その意味で、我が国の企業にあっては、従業員の画一性（金太郎飴）を尊ぶ時代が去り、従業員の多様性（ダイバーシティ）を尊ぶ時代が新しく訪れようとしている。ダイバーシティとは、多様な人材を積極的に活用しようという考え方である。女性活用といった性別だけでなく、年齢、学歴、国籍、宗教、価値観、障がい、ＬＧＢＴなどの多様性を寛容に受け入れて、人材を採用し活用していくマネジメント手法なのである。今や、ダイバーシティ・マネジメントを人的資源管理の中心に位置づけて、従業員の多様性をいかに引き出し、活用するかが真に問われる時代である。そんな時代に生きる経営者が従業員との関係を縦の関係でしか考えない、対立軸でしか捉えられないとすれば、これは全くお寒い環境の職場というほかなく、時代錯誤も甚だしい。職場では既に企業に忠実な「イヌ型」人間に代わってマイペースな「ネコ型」人間が活躍する時代が始まっているのである。「桃李もの言わざれども下自ずから蹊を成す」との故事に学ぶように、経営者自身に実務経験に裏打ちされた「自信」、「権威」、「仁徳」といった魅力が備わっていれば支配などする必要はない。従業員は黙っていても慕ってくる。集まってくる。

第24話　ＬＧＢＴを推進する

ＬＧＢＴとは聞きなれない言葉かも知れないが、「Lesbian レズビアン（女性同性愛者）」、「Gay ゲイ（男性同性愛者）」、「Bisexual バイセクシュアル（両性愛者）」、「Transgender

トランスジェンダー（性別越境者）」の頭文字を採った言葉である。そんなの関係ねえと言いたいところだが、我が国においても既に人口の3～10％を占めるに至っている。自分の職場には1人もいない、そんな人と出会ったことがないというのが多数であることは承知しているが、それだけ、職場での偏見、差別、いじめなどを恐れてカミングアウトできずに我慢しているLGBTの従業員が多いということを認識する必要があるし、ダイバーシティの1領域としての「性的マイノリティ」として取り扱うべきであろう。LGBTの多くは、うつ病、膀胱炎、ひいては貧困などの問題に直面していることにも理解を示す必要がある。

厚生労働省は、2014年7月に男女雇用機会均等法のセクハラ指針を改正し、LGBTなど性的マイノリティに対する言動や行動のうち、男女雇用機会均等法やセクハラ指針に該当する差別的言動はセクハラであると断じた。

地方公共団体では、東京都渋谷区や世田谷区などで「同性愛カップルの証明書」を発行したり、大阪市ではLGBTのカップルを公式に認める「パートナーシップ宣誓証明制度」などの取り組みがスタートしている。

大学では、お茶の水女子大、津田塾大学、日本女子大、奈良女子大などの女子大学で、戸籍上は男性だが自分の性別は女性だと認識しているトランスジェンダーについて受け入れの検討を進めている。

東京オリンピック・パラリンピック開催に際しては、大会に関係する全ての企業に対してＬＧＢＴに対する差別を禁止する「持続可能性に配慮した調達コード」が策定されている。

筆者の数少ない顧問先企業のなかで、３Ｋ職場の企業がＬＧＢＴの仲間を組織して人手不足を克服したなど嬉しい報告が届く一方で、マイナンバーを取得して初めて戸籍上の性別がわかったがどう対応すれば良いのか、ＬＧＢＴのトイレや更衣室をどうするべきかなど悩ましい相談が増えてきているように感じる。

ＬＧＢＴが働きやすい職場づくりに取り組むことで、「採用」、「離職防止」、「生産性向上」が期待できる。ＬＧＢＴの本人にしてみれば、就職先を探す際にＬＧＢＴが働きやすい職場かそうでないかを注視しているのである。

第25話　人事制度を作る

聖徳太子は、飛鳥時代の６０４年に「十七条憲法」を制定している。これは、官僚や貴族に対して道徳的な規範を示す内容である。このなかで、日本での最重要原理としての「話し合い絶対主義」や「独断禁止」を第一条と第十七条に確認することができる。平成の企業に例えるなら、基礎としての「労務」ひいては就業規則の原型と言えるのではないか。

同年６０３年に「冠位十二階」を制定している。氏姓制度ではなく才能を基準に人材登用を進め、天皇の中央集権を強めるのが目的とされ、朝廷に仕える臣下を12の等級に分け、地位を表す冠を授けるものであった。大徳、小徳、大仁、小仁、大礼、小礼、大信、小信、大義、小義、大智、小智の順に12の等級だった。因みに、徳の冠は紫であったとされる。聖徳太子こそ「労務」で基礎を作り、「人事」で楼閣を築いた草分けの人なのである。

爾来１４００年余りの時代が流れ、街には草食系男子が溢れている。車も家もそして出世も望まないと聞く。それが本音だろうか。それとも照れか諦めだろうか。職場を覗けば、パソコンに向かってネットサーフィンしている従業員が少なからず存在する。並みの従業員は入社3年、上の従業員でも入社10年、30歳前後でその多くは会社を去っていく。理由は簡単で、金銭だけでなく、会社にとどまっても自身のさらなる成長やキャリア形成が展望できないからである。たいていは会社を見限って去っていくのである。これでは人材の無駄使い、いやもっと言えば人生の無駄使いではないか。何をすればどれだけ「評価」されるかが本人には見えないのである。飛鳥の時代も平成の時代も日本人の心は、まずは公正な「評価」がなされ、そして活躍できる「舞台」が与えられれば前向きになれるし、その条件が欠ければ、後ろ向きにならざるを得ないものと筆者は信じている。

「評価」の結果、従業員一人一人の課題を「人事制度」のなかで明確に指し示し、これを「可視化」していくことによって、「人材育成」、「昇進・昇格」「賃金・賞与」へと循環するサイクルを作り上げることが重要なのである。これによって、会社と従業員のベクトルが自然と一致し、従業員のモチベーションを高めることが可能となる。その結果、企業の業績向上ひいては経営理念の実現が自然となされていくわけである。

第26話　スペシャリストを育成する

昭和の時代は、昭和40年不況、第1次・第2次オイルショックなどを経験してきたが、戦後復興期、高度成長期、バブル期などを謳歌し概ね右肩上がりの時代であったのではないかと思う。作ればモノが売れた時代でもあったので、従業員の数が増えれば、売上げが多くなり利益になった。そのため、企業は競って多角化経営に取り組み、グループ化が推進された時代でもあった。そこでは「終身雇用」、「年功序列」、「企業別組合」という3つの特徴を持つ「日本型雇用システム」が実に有効に機能したのである。部門を超えて異動し、グループ会社への出向や転籍もある「ゼネラリスト」の時代であった。

平成に入り、日本経済にとって「うつむき加減の時代」が4半世紀にわたって続いた。これによって、ビジネスの領域では「物量の大きさ」が問われる時代から「専門性の高さ」が問われる時代へと移行した。終身雇用などの「日本型雇用システム」が崩壊し、転職市場が賑わうことになった。つまり「スペシャリスト」の時代が到来したと言える。そこでは、専門領域での高度な「知識」、「技術」、「経験」が求められることになった。

スペシャリスト育成の入り口、第一歩として、「職種限定採用」が考えられる。これは、法務、特許、会計、建築、意匠といった専門性の高い部門で、予め国家資格の有資格者などを部門間移動をしないという前提で採用するものである。

採用の次は、研修を重ねて育成していくことになる。研修は、スペシャリスト特有のプライドを生かすものにすれば良い。マナー研修など一般的な研修を踏まえたうえで、専門研修によって専門性を深めてさらなる磨きをかけていくことで、スペシャリストのモチベーションアップや離職防止につながるだけでなく、専門分野における企業の競争力が培われていく。

研修の後は、スペシャリストのキャリアプランも構築していく必要がある。スペシャリストを真のスペシャリストとして処遇していけるのかどうかで企業の器が問われることになる。スペシャリストとして全うする道だけでなく、管理職への登用や条件付きで独立への道なども用意し、そのために必要となる資格、研修、経験年数などをキャリアパスとして可視化すると良い。スペシャリストのキャリアに関係する異動などに関しては、本人の希望や同意を前提に考えていくとスムーズである。

第27話　ゼネラリストを育成する

第26話ではスペシャリストが今の時代に求められていることを縷々申し述べたが、反対に「ゼネラリスト」こそが今も昔もロイヤルロードのひとつとして有為な存在であることを解説していきたい。

ゼネラリストは、総合職として採用されることが一般的であって、幹部候補生である。一般職やスペシャリストなど多様な従業員を束ねていく立場である。そのため、社内の各部門だけでなく広くグループ企業を異動、出向、転籍を重ねて渡り歩き、広い「知識」、「技術」、「経験」が求められる。自然と広い視野と人脈を持つことになるので、コミュニケーション力、企画・着想力や問題解決能力など人間としての総合力が自然と身に付き、経営者としての資質や要件を具備していくことになる。

このように考えると、ゼネラリストの育成は長期育成が前提条件であって、ここに社運がかかっていると言っても過言ではない。ゼネラリストは勝手に育っていくものではなく、計画的な採用、研修、キャリアプランによる異動が欠かせないことは申し上げるまでもない。

採用時には、一般職やスペシャリストとしての職種別採用者などとゼネラリストとしての総合職をどう差別化していけるのか。つまり、ゼネラリストとしての総合職のアドバンテージをどのように訴求するのか、その思想とそれに伴う具体的内容が求められる。

研修は、新人、主任、係長、課長、部長といった「階層別研修」だけでなく、製造、販売、管理といった「職種別研修」も組み合わせて受講させていきたい。

キャリアプランは、ゼネラリスト特有の上昇志向を生かすものにすれば良い。将来は多くの従業員を束ねて動かす立場のゼネラリストに対しては、グループ会社を含めて知らない職場や経験のない仕事をゼロにすることを目標としたい。最短で何年で係長、課長、部長などの職制に就けるのか、その要件は、その収入はというキャリアパスの設計も重要だ。企業のポジショニングによっては、海外研修、海外留学、海外駐在、大学院での学位取得、あるいは子会社での出向経験などもプランニングすべきだろう。

第28話　キャリアパスを作る

第26話のスペシャリストを育成する、第27話のゼネラリストを育成する、でキャリアプランを作ろうと申し上げたが、このキャリアプランの道筋こそキャリアパスである。目標とするポストに就くために必要な「専門的知識」、「資格」、「経験」、「スキル」、そのための理想的なキャリアアップの順序を明らかにすることであって、その策定が人手不足に直面する企業に求められている。

キャリアパスを策定することとは、従業員の努力に見合った将来の処遇を約束することになるので、もぐらたたき型の場当たり経営に慣れている経営者にとっては厳しい作業かも知れない。それだけに、キャリアパスを策定し、これをオープンにしている企業は求職者にとって魅力的に映る。企業、従業員双方にとって、次のようにメリットが多いことも知っていただきたい。

「企業」にとってのメリット。

・従業員の専門性やスキルが高まっていく。
・従業員のモチベーションアップにつながる。
・自社にマッチングする人材確保と定着につながる。

「従業員」にとってのメリット。
・企業内での近未来図が描ける。
・目的意識を持って仕事に取り組める。
・自身の価値を最大限に高められる。

就職に際して「不安」が心の大きな部分を占める学生など求職者に対して、キャリアパスを示していくことが不安な気持ちを取り除き、将来に対する安心、希望、夢を与える力となるものと確信するものである。キャリアパス作成は、学生など求職者のみならず企業の力となっていく。

第29話　学校を味方につける

本書の読者には、母校というものが存在するだろう。また、職場や自宅の近くに何がしか学校があるのではないか。これらが、ここで言う学校（大学院、大学、短大、専門学校、専修学校、高等学校ｅｔｃ.）である。学校にも企業にも自ずと格がある。専門もある。泳ぐ池を間違えないほうが効率的であることは申し上げるまでもない。

最初に、誰もが思いつく就職課であるが、ここを訪問してみよう。何回か訪問しているうちに担当者とも顔なじみになり、建前ではなく本音の情報も入手できるようになる。学校にもよるが、会社概要や就業規則などを持参すれば良い。会社概要がなければ、取り急ぎ、ホームページのハードコピーでも良い。一歩前に進んで、リクルート専用の会社概要、ＤＶＤ、ＣＤなどが準備できれば尚良い。これらの視覚に訴える材料をリクルート専用として作り上げる過程で採用力がアップしていく。

次に、大学院であれば研究科事務室、大学であれば学部事務室、そして読者の母校であれば卒業生を束ねる校友課を訪問すべきである。何が目的か。現在、多くの大学で、フィールドリサーチプログラムなどの名称でＯＢ企業に学生を出向かせ、調査、企画、コンサルの真似事を正規の授業やゼミに組み入れている。教授の研究テーマにも左右されるが、最近では法務部や知財部を訪問したいとの依頼が相次ぐ。内実は、大学も教授もインターンシップ先の企業なり、フィールドリサーチ先の企業なり、その開拓に困っているケースが多いのである。この情報を得て、事務局にアレンジしてもらうのである。ここに風穴を開けることができれば、自然とリクルートの道へとつながっていく。

最後に、産官学課を訪問されたい。今や、各大学が産官学の競争でしのぎを削っている。大学と企業との共同研究、企業から大学への委託研究、学生起業家に対する応援、このようにして息長く活動を続けながら、糸口を見つけていけるかどうかの力量が問われる。

第30話　校友会活動を行う

各大学の校友会活動がかってないほど過熱してきた。個人情報保護を理由にして企業単位の校友会活動こそ表向きは鳴りを潜めて地下に潜ったが、弁護士、税理士、社労士など職域単位の校友会、都道府県、市町村など地域単位の校友会、法学部、経済学部、商学部など学部単位の校友会活動など、Face bookなども利用して若年層を取り込みながら活発になされている。大学によっては、年に1回の大懇親会をUSJで開催したり、卒業生の有名タレントを呼んできたり、抽選会でメルセデスベンツやトヨタアクアがプレゼントされるなど面白くなってきた。

この現象は、18歳人口が毎年毎年減少していくなかで、各大学がその将来の生き残りをかけて、校友会を最も重要なステイクホルダーとして位置づけてきており、大学、学生、校友会で三位一体の体制が構築されてきたことに原因があると見て取っている。大学は「志願者数」、「財政問題」、「寄付」、学生は「就職活動」、校友会は「母校愛」、「ブランド」、「採用」などそれぞれの思惑が一致しての盛り上がりに映る。

校友会活動が盛り上がっているのは良いとして、これと学生の採用との関係について解説していきたい。校友会活動そのものは母校に対する恩返しが原点の活動である。世話役ともなれば、相当の時間とエネルギーを傾注することになるが、卒業して何十年も経って母校に恩返しできるなど光栄なことだと思う。同窓の仲間と語らい、食事を共にするなど楽しい活動でもあるが、校友会活動と学生の採用は直接関係がない。しかし、校友会活動の一環として寄付をすれば企業名がホームページや印刷物などでＰＲされるので、大学関係ではいささか知名度を築いていける。長くやっていると、大学の教授や事務局だけでなく、多くの現役学生とも親しく交わる機会が増えてくる。学生の採用ではなく学生の支援という立場から温かくアドバイスしてあげてほしい。このようにして、校友会活動参加者は、シード権を持って大学とのアクセス、学生とのアクセスという競技に参加できることになる。

「この世に要領はない」、「損も得もない」、「全ては長期清算される」というのが筆者の譲れぬ持論である。校友会活動や採用活動を考えるうえでも参考にされたい。

第31話　野球部・サッカー部を作る

２０１８年6月から7月にロシアで開催されたワールドカップでは、西野ジャパンが善戦するもベスト8を逃し閉幕した。

精神的にも肉体的にも鍛え上げられた体育会出身者をはじめとするアスリートたちに対

しては、卒業後も厳しいビジネス社会で頑張り、競争を勝ち抜く人材としての期待値が高いことは論を俟たない。ところが、失われた20年間、大企業が経済的理由もあって、相次いで実業団運動部を休止・廃止した。この動きに逆行して、中小企業で運動部の創設が広がっている。卒業後も仕事とスポーツを両立できる職場を求めて就職活動する若者に対して、この両立を可能ならしめる職場づくりは、新卒人材を確保する切り札となる。

大阪に本社を置くA社では、サッカーチームのスポンサー企業となるのを手始めに、チームの選手をどんどん入社させている。また社内の卓球部が全日本実業団選手権大会や国民体育大会に出場するわ、社員がカーレースに参戦するわ、それぞれ活躍している。これら一連の企業行動が実に戦略的なCSR（企業の社会的責任）として好イメージを作り上げているだけでなく、人材確保や定着の仕掛けとして強く作用していることは想像に難くない。

中小企業にも勝算はある。野球なら9人、サッカーでも11人いればチームが作れる。10人未満の企業、恵まれている。社長が入れば、1チームできるではないか。5人未満の零細企業、立派。日本の企業の95％が従業員5人未満である。従業員が1人でもいれば充分。諦めてはならない。選手として出場させられるではないか。国体出場は10年先の夢、オリンピック出場は１００年先の夢で良いと思う。まずは、市町村や商工会議所・商工会主催の大会出場、そして優勝を身近な夢として企業と従業員が二人三脚で走り抜けよう。

第32話　地域活動を行う

グローカルという言葉が気に入っている。アンテナは高く世界に。そして、活動は近く地域でという風に勝手解釈している。そんな仕事生活ができれば人生素敵だ。グローカルを実践できている人がいればリスペクトする対象となりえる。豊かな人はもちろん、そうでない人もボランティア活動をはじめ地域活動に対して関心を持つ時代環境が醸成されてきたように思う。当然、求職者また然りである。

じゃあ、一企業で一体どんな地域活動ができるというのだろうか。確かに、企業城下町を形成するような大名格の大企業ならば地域に森や美術館を作ったり、盆踊りを主催したりで、華やかな選択肢が用意されているだろう。

地域のライオンズクラブ、ロータリークラブ、ＪＣに名を連ねる企業ならば、寄付や職業奉仕に始まって、市民祭り・市民マラソン、わんぱく相撲、青年交換、献血、交通安全、河川や道路の清掃など多彩な活躍の場が与えられていることだろう。これを社長の我が事として、狭く閉じ込めることなく、広く企業の、そして従業員のものとして宣伝すべきである。

地域活動など、格好つけなくても、草の根で探せばもっといくらでもある。本来、ベタなものであって、しかも粋なものである。町会や自治会が必要とすることを企業としてできる範囲でやればいい。草花のプランターを設置したり、どぶ川を掃除したりから始めても良いと思う。赤十字や盲導犬協会などの募金箱を設置するのも一計である。ローマは一日にしてならず。継続性が問われる。でも、きっと誰かが見てくれている。明日の新入社員かも知れない。

第33話　ホワイト企業の認定を取得する

世にブラック企業はばかる時代となってきた。であるがゆえに、若者は、純白のホワイト企業に憧れる。本当にホワイト企業など存在するのか。存在するならトライしてみようではないか。２０１７年６月よりホワイト企業認定としての「安全衛生優良企業認定」がスタートしている。

安全衛生優良企業とは、労働者の安全や健康を確保するための対策に積極的に取り組み、高い安全衛生水準を維持・改善しているとして、厚生労働省から認定を受けた企業のことである。この認定を受けるためには、過去３年間労働安全衛生関連の重大な違反がないなどの基本事項に加えて、労働者の安全衛生に関係する幅広い分野で積極的な取り組みを行っていることが求められる。

認定の基準として、優良企業として必ず満たしていなければならない第１、第２の項目と、企業の積極的な取り組みを評価する第３の項目に分かれている。

「第１項」としては次のとおりである。

・労働安全衛生法等の違反の状況
・労働災害発生等状況
・その他優良企業としてふさわしくない事項

「第2項目」としては次のとおりである。
・安全衛生体制の状況
・安全衛生全般の取組
「第3項目」としては次のとおりである。
・安全衛生活動を推進するための取組
・健康で働きやすい職場環境の整備
（健康増進対策、メンタルヘルス対策、過重労働防止対策、受動喫煙防止対策）
・安全でリスクの少ない職場環境の整備

認定を受けると、3年間にわたって認定マークを利用することができる。健康・安全・働きやすい企業であることを求職者にPRできたり、優良マークを広報・商品に使用し、取引先や消費者に対してPRできるので企業イメージの向上にもつながる。また、間接的なメリットとして、本制度の認定によって、労働安全衛生水準の取り組みレベルを示すことにより、従業員のモチベーションや生産性を向上させることにもつながる。さらに、厚生労働省のホームページでも認定を受けた企業名が公表される仕組みとなっている。ベストな労働環境を目指す取り組みとして挑戦する価値は十分にある。

第34話　ユースエール企業の認定を取得する

ユースエール企業の認定（若者雇用促進法に基づく認定）とは、若者の採用・育成に積極的で、若者の雇用管理の状況などが優良な中小企業を厚生労働大臣が認定する制度である。政府が認定企業の情報発信を後押ししてくれるので、採用に関して企業と若者とのマッチングが図られるものである。

認定基準の概要は、次の全てを満たす中小企業（常時雇用されている労働者が３００人以下の事業主）とされている。

1. 学卒求人など若者対象の正社員の求人申込みまたは募集を行っていること
2. 若者の採用や人材育成に積極的に取り組む企業であること
3. 以下の要件を全て満たしていること

・直近3事業年度の新卒者などの正社員として就職した人の離職率が20％以下

・「人材育成方針」と「教育訓練計画」を策定していること
・前事業年度の正社員の月平均所定外労働時間が20時間以下かつ、月平均の法定時間外労働60時間以上の正社員が1人もいないこと
・前事業年度の正社員の有給休暇の年間付与日数に対する取得率が平均70％以上または年間取得日数が平均10日以上
・直近3事業年度で、男性労働者の育児休業等取得者が1人以上または女性労働者の育児休業等取得率が75％以上

4．以下の雇用情報項目について公表していること
・直近3事業年度の新卒者などの採用者数・離職者数、男女別採用者数、平均継続勤務年数
・研修内容、メンター制度の有無、自己啓発支援・キャリアコンサルティング制度・社内検定の制度の有無とその内容
・前事業年度の月平均の所定外労働時間、有給休暇の平均取得日数、育児休業の取得対象者数・取得者数（男女別）、役員・管理職の女性割合

5．過去に認定を取り消された場合、取り消しの日から起算して3年以上経過しているこ

と
6. 過去に7から12までに掲げる基準を満たさなくなったため認定辞退を申し出て取り消した場合、取り消しの日から3年以上経過していること
7. 過去3年間に新規学卒者の採用内定取り消しを行っていないこと
8. 過去1年間に事業主都合による解雇または退職勧奨を行っていないこと
9. 暴力団関係事業主でないこと
10. 風俗営業等関係事業主でないこと
11. 雇用関係助成金の不支給措置を受けていないこと
12. 重大な労働関係法令違反を行っていないこと

認定企業になれば次のとおり多彩なメリットが享受できる。

1. 認定マークを商品や広告、名刺、求人票などに使用することができ、若者の採用や人材育成に積極的に取り組む企業であることがアピールできるので、学生や社会一般へのイメージアップや優秀な従業員の採用・定着につながる

2.ハローワークなどで認定企業を重点的にPRしてくれる
3.ハローワークなどが開催する認定企業限定の就職面接会等に参加できる
4.キャリアアップ助成金などで認定企業には一定額が加算支給される
5.日本政策金融公庫による低利融資を受けることができる
（基準利率からマイナス０・65％）
6.公共調達（総合評価落札方式、企画競争方式）で加点評価される

第35話　くるみんマーク企業の認定を取得する

子育てサポートの視点では、「くるみんマーク」がある。次世代育成支援対策支援法に基づき、仕事と子育ての両立支援に取り組む「一般事業主行動計画」を策定した企業のうち、この行動計画に定めた目標を達成し、一定の基準を満たした企業は、厚生労働大臣の認定を受けることができる。この認定を受けた証が「くるみんマーク」であり、２０１８年３月末現在で約２、８７８社が認定を受けている。２０１５年４月からは、くるみん認

定を受けた企業がさらに高い取り組みを行い一定の基準を満たした場合に付与される特例認定「プラチナくるみん認定」制度が創設された。２０１８年3月末現在で約１９５社が認定を受けている。

くるみんマークは２０１７年4月から新しい認定基準を採用し、次の10要件となっている。

1. 雇用環境の整備について、適切な一般事業主行動計画を策定したこと
2. 行動計画の計画期間が、２年以上５年以下であること
3. 行動計画を実施し、計画に挙げた目標を達成したこと
4. ２００９年4月1日以降に、策定・変更した行動計画を公表し、労働者への周知を適切に行っていること
5. 男性の育児休業等取得については、次のどちらかを満たすこと
・計画期間において、男性労働者のうち、配偶者が出産した男性労働者に対する育児休業等を取得した者の割合が７％以上であること
・計画期間において、男性労働者のうち、配偶者が出産した男性労働者に対する育児休業等を取得した者及び育児休業等に類似した企業独自の休暇制度を利用した者の割合

が15％以上であり、かつ、育児休業等をした者の数が1人以上いること

6. 計画期間内において、女性労働者の育児休業等取得率が75％以上であること

7. 3歳から小学校就学前の子を育てる労働者について、「育児休業に関する制度、所定外労働の制限に関する制度、所定労働時間の短縮措置または始業時刻変更等の措置に準ずる制度」を講じている

8. 労働時間数について、次のどちらも満たしていること

・フルタイムの労働者等の法定時間外・法定休日労働時間の平均が各月45時間未満であること

・月平均の法定時間外労働60時間以上の労働者がいないこと

9. 次のいずれかを、具体的な成果に係る目標を定めて実施していること

・所定外労働の削減のための措置

・年次有給休暇の取得の促進のための措置

・短時間正社員制度、在宅勤務、テレワークその他働き方の見直しに資する多様な労働条件の整備のための措置

10. 法及び法に基づく命令その他関係法令に違反する重大な事実がない

くるみん認定を受けた企業のメリットは次のとおり。

1. 企業のイメージアップ
認定マーク（愛称「くるみん」、「プラチナくるみん」）を商品や広告、名刺、求人票などに使用することができ、子育てサポートを推進している事業主であることをアピールすることができるので、学生や社会一般へのイメージアップや優秀な従業員の採用・定着につながる

2. 税制優遇措置を受けられる「くるみん税制」
認定を受けた事業年度に新築や増改築した建物、車両などは割増償却率適用になる

3. 公共調達（総合評価落札方式、企画競争方式）で加点評価される

ワーク・ライフ・バランスの実現に向けた企業の取り組みが経営に与える影響について、面白いデータが存在する。「２０１７年版　労働経済白書」によると、くるみん認定などワーク・ライフ・バランスに関する国や自治体の認定・表彰を受けた企業ほど売上を伸ば

し、離職率の低下や雇用の増加につながり、企業の中期計画にワーク・ライフ・バランスに関する目標を盛り込んだ企業で経常利益、労働生産性、従業員数がともに大きく高まっていることが窺い知れる。

第36話　えるぼし企業の認定を取得する

女性活躍推進の視点では、女性活躍推進法に基づく「えるぼし」企業の認定制度が存在する。これは、２０１６年４月に全面施行された女性活躍推進法では、１０１人以上の企業にその策定、届出、公表、周知が義務づけられている「一般事業主行動計画」の策定及び策定した旨の届け出を行った企業のうち、一定の基準を満たし、女性の活躍推進に関する状況等が優良な企業について、厚生労働大臣の認定（1段階～3段階）を受けることができる制度として創設された。２０１８年3月末現在で認定を受けた企業は全国で５７９社とまだまだ少なく、希少価値がある。

認定基準の概要は次のとおりである。

1.「採用」
男女別の採用における競争倍率が同程度であること
2.「継続就業」
・「女性労働者の平均継続勤務年数÷男性労働者の平均継続勤務年数」が雇用管理区分ごとにそれぞれ7割以上であること
・「10事業年度前及びその前後の事業年度に採用された女性労働者のうち継続して雇用されている者の割合」÷「10事業年度前及びその前後に採用された男性労働者のうち継続して雇用されている者の割合」が雇用管理区分ごとにそれぞれ8割以上であること
3.「労働時間等の働き方」
雇用管理区分ごとの労働者の法定時間外労働及び法定休日労働時間の合計時間数の平均が、直近の事業年度の各月ごとにそれぞれ8割以上であること
4.「管理職比率」
・管理職に占める女性労働者の割合が別に定める産業ごとの平均値以上であること
・直近3事業年度の平均した「課長級より1つ下位の職階にある女性労働者のうち課長

級に昇進した女性労働者の割合」÷直近3事業年度の平均した「課長級より1つ下位の職階にある男性労働者のうち課長級に昇進した男性労働者の割合」が8割以上であること

5.「多様なキャリアコース」

直近の3事業年度に、以下について大企業については2項目以上、中小企業については1項目以上の実績を有すること

A. 女性の非正社員から正社員への転換

B. 女性労働者のキャリアアップに資する雇用管理区分ごとの転換

C. 過去に在籍した女性の正社員としての再雇用

D. 概ね30歳以上の女性の正社員としての採用

6.「その他」

・適切な一般事業主行動計画を定めたこと

・定めた一般事業主行動計画について、適切に公表及び労働者の周知をしたこと

・法及び法に基づく命令その他関係法令に違反する重大な事実がないこと

えるぼし認定を受けた企業のメリットは次のとおり。

1. 企業のイメージアップ
認定マーク（愛称「えるぼし」）を商品や広告、名刺、求人票などに使用することができ、女性の活躍を推進している事業主であることをアピールすることができるので、学生や社会一般へのイメージアップや優秀な従業員の採用・定着につながる

2. 日本政策金融公庫による低利融資を受けることができる
（基準利率からマイナス０・65％）

3. 公共調達（総合評価落札方式、企画競争方式）で加点評価される

なお、政府だけでなく東京都や大阪市は女性活躍推進に関する独自の制度を実施している。東京都では女性の活躍推進に取り組む企業や団体及び個人に「東京都女性活躍推進大賞」を贈呈するなどの取り組みをし、大阪市では、「大阪市女性活躍リーディングカンパニー」認証として、一つ星認証企業、二つ星認証企業、チャレンジ企業と３区分の認証を実施している。手前味噌な話になって恐縮するが、筆者の事務所は２０１７年に一つ星認

証をいただいた。

第37話　賃金前払い制度を導入する

賃金支払日前に不測の出費が重なって困ったという経験をお持ちの読者もいらっしゃるのではないかと思う。そんなとき、親・兄弟、友人・知人、職場の社長・上司・同僚に工面を依頼するか、カードローンや消費者金融を利用するかという選択に迫られる。どちらにしても、後ろめたく気が重い話だ。

こんなときに、勤務先企業のシステムとしてスマートフォン一つで誰にも知られずに、働いた分の賃金の範囲内で「賃金前払い」のサービスが受けられるとすれば有り難いはずだ。

東京都民銀行は、２００５年にインターネットを使った賃金前払いサービス「前給」を始めた。その仕組みは、働いた分を賃金支払日の前に口座に振り込んでくれるというものだ。便利なサービスである反面、引き出しごとに６％程度の手数料がかかることになっている。

銀行以外にも個人向けのフィンテックサービスとして登場した賃金前払いサービス「ペイミー」や「Ｍｙ給」などが存在する。スマートフォンでアプリを開けば、会社の勤怠記録をもとに計算した賃金の引き出し可能額が表示される。引き出し希望の金額を入力し、申し込みボタンを押すことで、登録済みの銀行口座に最短では即日、賃金が振り込まれる仕組みになっている。利用には所定の手数料が発生する。

法的立場からは、このサービスは貸金業に該当する可能性があるなど未成熟な点もあって、筆者がお薦めできる類のサービスではないが、利用する従業員からは、賃金前払いを利用することで、「すぐに仕事の達成感が味わえる」、「いつでも貰える安心感がある」など概ね好評を博している。

第38話　ビットコインと仲良くする

読み、書き、算盤の重要性は、いささかも揺らいでいないと思っているが、時代の変化のスピードがそこに安住することを許さなくなった。パソコン、スマホが仕事だけでなく生活の中心を占め、ＩｏＴだのＡＩだの言葉が一人歩きして夢と恐怖のセットで語られるようになった。

「ビットコインと仲良くしよう」などと気違いじみたことを書いている。何も読者の皆様にギャンブルで億り人になってくれと言ってるわけではないが、それでも筆者は「ビットコイン」こそ「Windows」や「Face book」と並ぶ平成の3大発明の一つだと思っている。

初めてビットコインが取引に使われたのが２０１０年5月、25ドル相当の2枚のピザが1万ビットコインと交換されたと言われている。つまり、当時は1ビットコイン０・２２5円の価値しかなかったのである。それが、わずか7年と7カ月後の２０１７年12月には２４０万円と１、０００万倍以上に跳ね上がった。たかだか7年7カ月前に1万円でビットコインを買っていた人は、何と１、０００億円以上の大資産家になったわけである。

銀行送金と比べて送金スピードや手数料の点で比較優位なビットコインの誕生がひとつの原因となって、メガバンクなど金融機関がこぞって大規模なリストラを発表したことは記憶に新しい。おっちょこちょいの気のある筆者は、国内外の仮想通貨取引所でいくつかの口座を作ってみた。ＩＤ、パスワードに始まり、入出金アドレス、コピペ、２段階認証、

ＡＰＩキーなどＩＴ音痴の筆者にはハードルが高いものばかりであったが、この作業を通じて、これから到来するであろうＩｏＴ、ＡＩ、フィンテックなど近未来の極めて生産性の高い仕組みを垣間見ることができ自信を深めることができた。

ビックカメラ、ＨＩＳ、メガネスーパーなど目利きとも言うべき先駆者たちは、現金やクレジットカードに加えてビットコインの取り扱いにいち早く踏み切り、立派にその売り上げを伸ばしている。

入り口としてビットコインを例に出し、問題提起したつもりだが、お伝えしたいことは、人手不足の解消と生産性の向上とはコインの裏表の関係にあって、その実現には、ＩｏＴ、ＡＩ、フィンテックなど新技術の活用が欠かせないということである。

第39話　ビットコインで賃金を支給する

ＧＭＯインターネット株式会社は、インターネット事業からスタートし、為替ＦＸの大御所であるばかりか今やビットコインの取引所やマイニングまで手がける注目企業である。

ここが、２０１７年12月に４、０００人を超える従業員を対象に本人が希望すれば賃金の一部をビットコインで受け取れる制度を導入すると発表した。発表された制度の概要は次のとおりである。

1. 申込金額は、1万円～10万円、1万円単位
2. 申込金額は、賃金から天引きし、ビットコインを購入する
3. 購入したビットコインは、従業員のビットコイン口座に送金する
4. 申込金額の10％を会社が奨励金として支給する

ところで、ビットコインで賃金を支給するなど本当に法律で許されるのかどうかを確認してみる必要がある。労働基準法第24条には「賃金支払い５原則」が定められている。

1. 通貨払いの原則
2. 直接払いの原則
3. 全額払いの原則

4．毎月1回以上払いの原則
5．一定期日払いの原則

厚生労働省は、２０１９年にも企業がデジタルマネーで賃金を支払えるよう規制を見直す方針を打ち立てている。しかし、本書を執筆している２０１８年12月現在、ビットコインは通貨ではないので、従業員に対して賃金の一部をビットコインで支払うとしても、この5原則は守らなければならない。ＧＭＯインターネットグループの場合、あくまでも「通貨」で「全額」支払ったうえで、従業員の自由意志での申し込みによる天引きである。そのうえで、労働協約または労使協定が適法に締結されているならば問題なしと言える。

企業にとっては事務負担の問題、従業員にとってはビットコインの価格変動に伴うリスクや課税の問題なども横たわるが、昨今のビットコイン人気を考えると、これからの就職市場で話題性を演出できることは間違いないだろう。

第40話　スマホ対応する

現代に生きる若者にとってスマホは24時間、３６５日手放せないツールとなってきた。仕事や生活だけでなく、就職活動もスマホに頼ることが一般的な行動になってきている。もっとも、旧帝国大学や一流私大に通う高学歴な学生や理系学生はスマホよりもＰＣを選好する傾向にあることも頭の片隅に入れておいてほしい。

こうした状況下、新卒採用のターゲットをボリュームゾーンクラスの私大生としている企業や、中途採用の職種が一般的な事務、営業、そして３Ｋの範囲に収まる企業は、ＰＣ対応のホームページや採用サイトに安住せず、さらに一歩踏み込んで、スマホ対応のホームページや採用サイトを用意しないことには採用戦線から取り残されてしまいかねないのである。

そこで、学生など求職者の心をわしづかみにできるスマホ対応のサイトを作成するにあたっての急所をお伝えしていきたい。

1．全体構成やコンテンツがわかりやすく、簡単に知りたいページ、知りたい情報に辿り

着けること
2. 学生など求職者に対して経営者の顔、経営理念、事業内容が見えること
3. あらゆる職種、あらゆる階層、あらゆる年齢の社員が紹介されていること
4. 人事制度やキャリアパス、教育制度、福利厚生制度が掲載されていること
5. 女性の活躍支援に向けた取り組みが掲載されていること
6. 仕事と家庭の両立支援に向けた取り組みが掲載されていること
7. ＯＢ、ＯＧと気軽にアクセスできる方法が掲載されていること
8. 求める人物像が具体的に掲載されていること
9. 動画の企業説明会が用意されていること
10. 今後の選考フローが掲載されていること

こうしてスマホ対応のホームページや採用サイトを作成できて、やっとスタート台に立てたわけである。スピーディーでスタイリッシュな対応を取ることで採用戦線を勝ち抜いていきたいものである。

第41話　自社採用HPで求人応募者を増やす

現在、採用活動において主に使用されている「求人雑誌」、「求人サイト」、「ハローワーク」。高い広告料と手間暇かけて募集広告を掲載したのに、あまり応募者が集まらない。そんな悩みを持つ経営者が多いのではないか。

そこで、単なるHPではなく、求人専門の自社採用HPを活用した新しい人材募集のかたちを提案したい。自社採用HP利用のメリットとして次の3点が挙げられる。

1. コストが抑えられること
2. ミスマッチを減らせること
3. 掲載期間や文字制限がないこと

これに対して集客力が低くなってしまうという決定的なデメリットがある。

採用マーケティング支援企業の株式会社ネットオンという会社がある。社長の木嶋諭氏とは10年来の友人である。企業自身のホームページで応募が来るような仕組みを作る「採用Ｗｅｂマーケティング支援サービス」とクラウド型採用マーケティングツールの「採用係長」を提供している。日本最大の求人検索サイト「indeed（インディード）」の「スポンサー求人」を利用した集客にGoogle・Yahoo!の「リターゲティング広告」というサービスを組み合わせることで、より効果的に求職者に訴求して自社採用ＨＰに集客するサービスを展開している。

参考に、「indeed」とは、本社は米国テキサス、２０１２年にリクルートの完全子会社となった。今や日本最大の求人専門の検索サイトで、ユーザー数はリクナビＮＥＸＴの２・５倍。

「スポンサー求人」とは、予めキーワードを指定し、応募者がそのキーワードで検索すると、上のほうに企業ページへのリンクが表示される広告のことである。

「リターゲティング広告」とは、広告主のサイトを閲覧したことのあるユーザーが、別の機会にYahoo!やGoogleで検索するときに表示する広告のことである。

「隗より始めよ」との中国の諺に従って、まずもって筆者の事務所の求人を「採用係長」

を利用して実験してみた。その結果、２０１８年4月18日からわずか3カ月足らずの期間に15名の応募者があり、うち1名を採用したことを報告しておきたい。採用活動はＷｅｂへと舞台の中心が移り、検索エンジンやクラウドを駆使して戦う新しい時代を迎えたことを身をもって体験した。

第42話　転職イベントに出展する

求職者に対するアプローチの方法にはＨＰや採用サイトを立ち上げるなど種々の方法があるが、転職イベントへの出展も有効な方法のひとつとしてお薦めしたい。なぜかと言えば、読者の企業に興味を持った求職者本人と今すぐ直接会えるという点では転職イベントを置いてほかにないと言い切れるからである。媒体からの応募者は、履歴書を送ってこなかったり、面接日に来社しないなど採用どころか選考すらできないといった悪質なケースにも遭遇することしばしばであるが、転職イベントへの出展当日は目の前に魚の群れが泳いでいるのである。ただし、魚をものにできるかどうかは読者次第である。そこで、効果的に転職イベント出展を行うための急所についてお伝えしていきたいのである。

転職イベントに出展して最初の仕事となれば、まずは自社ブースへの呼び込みとなる。自社ポスターの貼付などブース装飾により受け入れ体制を整えたうえは、求職者に安心感を与えるためにも女性スタッフによるリーフレットの配布や呼び込みが望ましい。そして、タイミングを見計らってイベント参加者に対してスカウトメール（自社ブースへの招待メール）を送信することで、興味を持った求職者が自社ブースに立ち寄ることを促すのである。

次に面談ということになるが、ここで、がっつくようでは失格である。自社ブースに立ち寄ってくれた求職者は概して不安の固まりである場合が多く、転職に関する体温が高い人もいれば、低い人もいるからである。求職者の不安を取り除いて差し上げ、転職に対する体温の低い人は体温を上げて差し上げて、次回は面接の予約とゆっくり駒を進めていくのが良い。

最後に、転職イベントが終わってからのアフターフォローと相成るのであるが、これをどのように行うかで企業の社格や社風、もっと言えばお里が求職者に知れることになる。くれぐれも事務的なアフターフォローではなく、求職者に自分を買ってくれているとご縁を感じさせる手紙やメールにしていただきたいのである。

第43話　未経験者を採用する

採用を考える場合、「質」も「量」も充足させたいというのが経営者や採用担当者の本音であろう。しかし、これは既に夢物語であって、東証1部上場の大企業であっても叶わぬ願いになりつつある。いわんや中小企業がこの両立を願ったところで、「二兎を追う者は一兎をも得ず」という結果にならざるを得ないだろう。就職氷河期から10年以上の月日を経て、自社は「美人」との固定概念は捨てていただきたい。そこで、現実との妥協に向かって応募者のハードルを下げることを考えてみたい。

２０１８年７月７日発行の日本経済新聞によると、「医療・介護・保育の分野では、深刻な人手不足なのに、賃金が下がっている」と報じられている。理由は、経験豊富な有資格者などは、既に安定した企業で働いていることが多く、採用が困難なので、比較的低賃金な未経験者を採用して分業することで現場の負担を減らしているからである。誰もが採用したがる「経験者」ではなく「未経験者」に採用の基軸を移すことで、取り急ぎ「量」の確保がしやすくなり、ドミノ現象などの離職防止につながっていく。問題は、社内に未経験者ばかり増えても烏合の衆では仕事にならないので、経験者と未経験者との「組み合わせ」、現場の負担を減らす「分業」や未経験者に対する「研修」といった仕組みづくりをどのように考えていくかにかかっている。

経験者募集を取り下げて未経験者歓迎にすることの効用を縷々申し上げたが、この他にもハードルを下げる方法はある。男女雇用機会均等法で禁止されている女性限定や男性限定といった「性別」限定採用。雇用対策法や高年齢者雇用安定法で禁止されている「年齢」限定採用。未だに「女性歓迎」、「35歳未満歓迎」とした求人広告を見かけるし、そうした運用をしている企業の多いことが想像される。こうしたハードルは名実ともに取り外す発想の転換が求められている。もちろん、採用活動においても規模や知名度、資金力に優れる他社と同じ土俵で相撲を取ることは避けていただきたいのである。

これからの時代は、未経験者と中高齢者しか応募してこないという前提で仕事を組み立てていただきたい。

第44話　会員制リゾートクラブに入会する

昭和の時代は、東は軽井沢、蓼科、箱根、伊豆、熱海、西は六甲、琵琶湖、白浜と企業や健康保険組合などが競って海の家、山の家という名の保養所を所有し、そして賑わった。時代は移り変わり、今や保養所などの福利厚生施設は、エクシブや東急ハーベストなどのリゾート会員権が人気を集める時代となった。バターとマーガリンの関係で、所有から利用へのパラダイムシフトである。

これら、会員制リゾートクラブに入会するメリットは次のとおりである。

（会社のメリット）

1. イニシャルコストが安い（50万中古〜2、000万程度）
2. ランニングコストも安い（年会費や固都税は発生するが管理人が不要）
3. 企業の事務負担が少ない
4. 忘年会や周年などの会社行事に使える施設もある

5. 出口戦略として売却しやすい

（従業員のメリット）

1. 日本全国で複数の施設、新しい施設が利用できる
2. 保養所と比較すると施設や食事が豪華
3. コストパフォーマンスが良い
4. 宿泊のみなど合理的利用ができる
5. 自慢になる

デメリットらしいデメリットは思い浮かばないが、ゴールデンウィーク、お盆や年末年始に予約が取りにくいことは保養所と同じであり、過去にはゴルフ会員権同様リゾート会員権も大きく値下がりしたり、紙くずとなったところもあるので、その点はご注意いただきたい。

昭和から平成そして順々に元号が変わっても、日本人が旅行好きであることには変わりなく、とりわけ女性にとっては会員制リゾートクラブを利用できることに対する憧れは強

いように見受けられる。採用における差別化のひとつ、採用後のモチベーションアップする武器のひとつとして考えられたし。

第45話　会員制スポーツクラブに入会する

スポーツ施設も第44話の保養施設とよく似た話であって、一昔前は、テニスコート、野球場、柔道・剣道などの道場及び茶道・華道などのお稽古場を企業や健康保険組合が直接保有することがステイタスでもあった。1990年以降は、バブル崩壊とセットで「持たない経営」が流行したが、この時期から健康志向の高まりもあってスポーツクラブがいよいよ隆盛の時期を迎えることになった。

仕事帰りにスポーツクラブに出向けば、ランニングマシンに始まり、エアロバイク、リカンベントバイク、クロストレーナー、ツイスター、ウエイトマシン、ストレッチゾーン、タンニング、スミスマシン、パワーラック、アブベンチ、プール、お風呂、サウナ、エステとメニューが豊富、ヨガの教室などもあって飽きずに一人でも楽しめる。しかも快適、そしてお洒落。恥ずかしながら筆者もたまには仕事帰りに汗を流している始末である。

業界最大手の株式会社コナミスポーツクラブでは、２０１８年3月末現在で３７６施設（直営１７３施設、フランチャイズ6施設、受託１９7施設）を誇り、「健康寿命の延伸」、「労働生産性の維持・確保」、「企業ブランドの価値向上」をテーマに掲げて法人会員を募っている。法人会員になれば、従業員や組合員が全国のコナミスポーツクラブと提携施設を利用することができる。企業、団体、健康保険組合向けに健康づくりセミナー、体力測定や運動指導プログラムなどのサービスも提供しているので、こうした利用も可能となる。

福利厚生の一環として企業や団体、健康保険組合などがスポーツクラブに入会することで、従業員や組合員の健康増進やメンタルヘルスの向上を実現しながら健康保険財政の改善も図れる。そして採用の切り札のひとつとして、また採用後のモチベーションアップや離職防止につながるならば、入会しない手はないだろう。

第46話　福利厚生支援サービスを利用する

ＣＳ（顧客満足）の重要性が喧伝されて久しいが、これもＥＳ（従業員満足）があって初めて成り立つものだと信じている。このＥＳを高めることで、モチベーションアップやＣＳ向上が図られていくと考えてほしい。ＥＳ向上の有効な手立てのひとつとして福利厚生の充実を挙げることができる。自社で取り組むのが本筋だろうが、ワーク・ライフ・バランスやダイバーシティに対応し、コストパフォーマンスにも優れた福利厚生を目指すなら、アウトソーシングという選択に軍配が上がりそうだ。

そこで、福利厚生サービスで20年以上の実績を有する「株式会社リロクラブ」について紹介したい。２０１８年4月現在で「福利厚生倶楽部」契約企業数１万社、会員数６３０万人と業界のトップブランドとして位置づけられているだけでなく、「カフェテリアプラン」など欧米流のスタイリッシュな福利厚生を提供していることが特徴である。

「福利厚生倶楽部」は、株式会社リロクラブが運営する福利厚生アウトソーシングである。資格取得、外国語習得、スポーツクラブ、ゴルフ場、マネープラン・住宅相談、冠婚葬祭、旅行、映画、カラオケ、テーマパーク、スポーツ観戦、レストラン、家事代行、ペット、車と実に多彩なメニューを提供している。

「カフェテリアプラン」は、従業員一人一人に毎年一定の福利厚生の補助金（ポイント）を付与し、そのポイントの範囲内で従業員各自がライフスタイルに合わせて必要な福利厚生メニューを選択して利用することができる制度となっているので、福利厚生利用の不公平感を払拭し受益均等を図ることができる。

「インセンティブ・ポイント」は、新しい形の報奨制度である。賃金制度を変更することなく従業員への感謝の気持ちをインセンティブ・ポイントの付与で伝えることができる。

「子育てサポート」は、お祝い制度として結婚、妊娠、出産、育児のライフイベントごとにお祝い制度を用意している。育児支援として、月極保育補助、一時保育補助、病児保育補助、ベビーシッター利用補助など育児をサポートするメニューが盛りだくさんである。

「おやのことサポート」は、警備会社の見守りサポートなど従業員の両親が健康に暮らすためのサービスと、介護保険支給限度額を超えた負担金の一部を補助するなど要支援・要介護状態になった場合に利用できるサービスを揃えている。

福利厚生支援サービスを利用して、企業の魅力つまりは採用力を強化してみたい。

第47話　本社を移転する

地球儀を眺めれば、日本海側や沖縄が大陸に近いポジションにあることは一目瞭然である。グローバル経済やインターネット社会が身近な存在となってきたので、アジア統括本社をシンガポールなどに置く世界企業が出現する一方で、本社を東京など地価が高いうえに採用激戦区の大都市に置く必要性が薄れてきたと判断する企業も増えてきた。東京一極集中が問題とされ、安倍内閣が錦の御旗として掲げる「地方創生」に呼応して本社の地方移転には税制優遇措置がオンパレードとなっている。既に、ＹＫＫ株式会社が富山県に、コマツ株式会社が石川県に、それぞれ本社の一部を移転している。業種業態にもよるが、これから先は、大企業だけでなく中小企業の地方への本社移転や地方での創業が増えてくると見込んでいる。発想の転換が急がれるところである。

大都市から地方への移転だけでなく大都市から大都市への移転についても考察してみたい。日本人の平均通勤時間が世界でトップクラスを誇っていることは有名な話であって、東京や大阪では片道1時間がスタンダードで、片道1時間半や2時間かけて通勤しているのもありふれた光景となっている。毎日毎日すし詰めの満員電車で通勤せざるを得ないというのは、それだけでひと仕事であるし、大いなる人生の無駄と言うしかない。

　働く街のブランドや人気不人気についても敏感になっておきたい。大阪では、本社を天王寺ハルカスに移転して採用人気企業となったり、大阪市から道路１本渡った東大阪市に移転したばかりに全く人が集まらなくなった企業等、本社移転に伴う浮沈の事例は枚挙にいとまがない。客観的なデータで確認するために求人情報、転職サイトＤＯＤＡが発表している「働きたい街ランキング２０１６」で検証していきたい。関東では、１位東京、２位新宿、３位横浜、４位渋谷、５位池袋、６位恵比寿、７位大手町、８位品川、９位有楽町、10位上野となっている。関西では、１位大阪梅田、２位天王寺、３位神戸、４位京都、５位京橋、６位和歌山、７位神戸三宮、８位本町、９位淀屋橋、10位なんばとなっている。総じてお洒落な街より便利な街・ターミナルが選ばれていることが見て取れる結果となった。

　このように、本社を固定的に考えるのではなく、都心への移転だけでなく、地方移転やサテライトオフィスも含めてしなやかに考えていく時代の到来を感じないわけにはいかない。

急

第4章　そして働き方改革

第48話　働き方改革は生産性改革

２０１８年6月29日には、「働き方改革関連法案」が参院本会議で可決成立した。そもそも論として、働き方改革関連法が新しく立法されたわけではないので、労働基準法、労働安全衛生法、労働契約法、パートタイム労働法、労働者派遣法といった働き方改革に関連する既存の法令に所要の改正がなされたということである。働き方改革実現会議により２０１７年3月28日に提出された働き方改革実行計画によると、今回の働き方改革は次の9つのテーマにより取り組む改革であることが理解できる。

1．非正規雇用の処遇改善
2．賃金引上げと労働生産性向上
3．長時間労働の是正
4．柔軟な働き方がしやすい環境整備
5．病気の治療、子育て・介護等と仕事の両立、障害者就労の推進

6. 外国人材の受け入れ
7. 女性・若者が活躍しやすい環境整備
8. 雇用吸収力の高い産業への転職・再就職支援、人材育成、格差を固定化させない教育の充実
9. 高齢者の就業促進

これから働き方改革関連法が順次法施行されていくと、企業にとっては法令遵守が求められることになるわけだが、読者の皆様ならご賢察のとおりコスト高となるものばかりが並んでいる。資金力や収益力が高い企業は軽く法令遵守できるに違いないが、そんな恵まれた企業ばかりではない。「働き方改革は生産性改革」だと声を大にして訴えたい。生産性改革とセットで考えないと企業は存続できない。そのためのアイデアを絞り出していきたい。

第49話　人材ポートフォリオを作る

ポートフォリオとは、そもそもその語源がイタリア語の財布からきている言葉であって、業界によって様々な使い方をされている。「投資用語」としては、現預金、株式、債券、金、不動産など組み合わせた投資内容をいう。「教育用語」としてはレポート、試験、活動など生徒個人の評価物をいう。「クリエイティブ用語」としては、作品集をいう。

人材ポートフォリオとは、企業目的実現のために全体最適となる人的資源の組み合わせをいうのであるが、バブル崩壊と軌を一にして日本型雇用が崩壊して雇用の多様化と流動化が進展することで、企業に戦略的な人材ポートフォリオが求められることになった。

1995年5月には、当時の日経連が報告書「新時代の日本的経営」を発表し、このなかで次の3種の人材ポートフォリオを提言した。

1.「長期蓄積能力活用型グループ」

2.「高度専門能力活用型グループ」
3.「雇用柔軟型グループ」

終身雇用は、1. 長期蓄積能力活用グループだけで良いとの提言であったので、社会に大きな衝撃を与えることになった。しかし、この提言に沿って雇用流動化や成果主義賃金が推進され、結果として格差社会、貧困社会などの問題を生じさせる原因ともなった。この時代の光と影を踏まえて、新たな時代の人材ポートフォリオの一例としては次の４種が考えられる。

1.「クリエイティブ人材グループ」
2.「マネジメント人材グループ」
3.「エキスパート人材グループ」
4.「オペレーション人材グループ」

こうした人材ポートフォリオが出来上がったら、その区分ごとに要員計画、雇用形態、採用、教育、労働時間・休憩・休日、仕事内容、評価、賃金・賞与退職金などを設計・運用していきたい。この人材ポートフォリオはキャリアパスなど人事制度と紐付けにして可視化することでモチベーションアップにつながる。漫然とパートタイマーなどの非正規社員に正社員と同じ仕事をさせて、賃金などの処遇だけ差をつけているようでは、働き方改革の波に乗り遅れ、採用もままならないのは自明の理だと思う。この波に乗れるか否かが問われている。企業の努力を促したい。

第50話　パート・アルバイトにも諸手当を支給する

２０１８年6月1日に労働関係者の間で注目されていた最高裁判決が言い渡された。契約社員のドライバーが、正社員のみに諸手当等が支給されるのは労働契約法に抵触する不合理な労働条件として差額の支払いを求めた訴訟「ハマキョウレックス事件」である。ハマキョウレックス事件では、通勤手当など4種類の手当の格差を不合理とした大阪高裁の判決を支持したうえで、皆勤手当についての格差も不合理と判断した。

働き方改革関連法のなかでは、「長時間労働の是正」と並んで「雇用形態にかかわらない公正な待遇の確保」が双璧とも言うべき内容である。言い換えると、「同一労働同一賃金関連法」である。これに伴って、パートタイム労働法、労働契約法、労働者派遣法について概略で次のような改正がなされた。

1. 短時間・有期雇用労働者に関する同一企業内における正規雇用労働者と不合理な待遇の禁止に関し、個々の待遇ごとに、当該待遇の性質・目的に照らして適切と認められる事情を考慮して判断されるべき旨を明確化
2. 有期雇用労働者について、正規雇用労働者と①職務内容、②職務内容・配置の変更範囲が同一である場合の均等待遇の確保を義務化
3. 派遣労働者について、①派遣先の労働者との均等・均衡待遇、②一定の要件（同種業務の一般の労働者の平均的な賃金と同等以上の賃金であること等）を満たす労使協定による待遇のいずれかを確保することを義務化
4. 短時間労働者・有期雇用労働者・派遣労働者について、正規雇用労働者との待遇差の内容・理由等に関する説明を義務化
5. これらに関して、行政による履行確保措置及び行政ＡＤＲを整備

このようにして、短時間労働者、有期雇用労働者、派遣労働者などの非正規雇用労働者について、基本給・基本時給はともかくとしても各種手当を正社員と同様に支給すること

が義務づけられた。これら諸手当の支給を怠れば、採用活動に支障をきたすばかりでなく集団離職や将来の訴訟リスクを抱え込むことになるので、注意が必要だ。法律にやらされて支給するのでなく、率先して支給することで人材不足を解決しよう。

第51話　正社員転換制度を導入する

働き方改革関連法のなかで「同一労働同一賃金関連法」をしげしげ眺めていると、この国は格差社会や貧困社会を望んではいないということが理解できる。いくばくかの退職金や年金もなく、生活保護に頼るしかない高齢者を生み出したくないという強い意思表示と見て取れる。

１９９３年から２００５年の就職氷河期に学校を卒業した世代が、40歳前後になってきた。当時、やむかたなく非正規労働者となり、今尚非正規労働者として働くことを余儀なくされている人もいる。こうした非正規労働者に目を向けてみてはどうだろうか。

２０１４年には、カジュアル衣料品で高名な「ユニクロ」を展開する株式会社ファーストリテイリングが国内のユニクロ店舗で働くパート・アルバイト３万人の半数以上の１万６千人を正社員化するなど先鞭をつけている。

政府、厚生労働省も非正規労働者を正規労働者に転換させるための呼び水として、雇用助成金を用意している。「キャリアアップ助成金」（正社員化コース）がそれである。中小企業が有期契約労働者（契約社員、パートタイマー、アルバイト、派遣労働者など）を正規雇用労働者（正社員、勤務地限定正社員、職務限定正社員など）に転換させた場合に支給される。生産性の向上が認められた場合や、派遣労働者を派遣先で正規雇用労働者として直接雇用した場合は、加算されることになっている。１年度１事業所当たり20人を上限に支給される。（有期→正規、有期→無期、無期→正規の合計）

受給要件の概要は、次のとおりである。

1. 正社員転換制度などを就業規則などに規定していること
2. 対象者が雇用されて６カ月以上３年未満の有期契約労働者または派遣されて６カ月以上３年未満の派遣労働者であること
3. 正規労働者に転換または直接雇用後、６カ月以上賃金を支給していること

4．転換前または直接雇用前と比べて賃金を5％以上アップしていること
5．解雇者を出していないこと

筆者の関与先企業で働く男性従業員が交際中の女性との結婚を希望していたところ、本人が非正規労働者であることを理由に、女性の両親から反対されていた。その後、この男性は正社員転換制度を利用してめでたく結婚することになったので、関係者一同喜んでいるところである。正社員転換制度を導入することで、幸せの輪を広げていこう。

第52話　無期転換制度を導入する

正社員転換制度はハードルが高いという向きには、これと比較相対してソフトランディングしやすい無期転換制度の導入をお薦めしたい。過熱する人手争奪戦は、何でもありの様相を呈してきている。ファミリーレストランの株式会社ジョイフルや化粧品の株式会社ファンケルなどは契約社員、パート、アルバイトの全員を有期契約から無期契約に切り替

えるなど雇用形態の変更まで踏み込んできている。株式会社高島屋などでは、勤続5年未満の有期契約者であっても無期転換を認める制度をスタートさせている。

無期転換制度も正社員転換制度と同様に、政府、厚生労働省は有期契約労働者を無期契約労働者への転換を促すための雇用助成金を用意している。「キャリアアップ助成金」（正社員化コース）では、中小企業が有期契約労働者を無期契約労働者に転換させた場合に支給される。生産性の向上が認められた場合は、これに加算されることになっている。正社員転換制度と比較すると金額は少ないものの、2013年4月1日以降に開始した有期労働契約が更新されて通算5年を超えた場合、有期契約労働者が会社に申し込めば自動的に無期転換する（無期転換ルール）が、既に存在することを考えるとバランスは取れている。

受給要件の概要は、次のとおりである。

1. 無期転換制度などを就業規則などに規定していること
2. 対象者が雇用されて6カ月以上3年未満の有期契約労働者であること
3. 正規労働者に転換後、6カ月以上賃金を支給していること
4. 転換前と比べて賃金を5％以上アップしていること

5．解雇者を出していないこと

筆者の事務所で働く有期契約のパート社員たちにも無期転換制度を導入して、順次無期契約へと切り替えている。尚一層モチベーションも高まってきたので、無期転換して良かったと思っている。

第53話　アルバイトはお客様です

ＥＳ（従業員満足）あってのＣＳ（顧客満足）が成り立つことについては、縷々説明してきた。「お客様は神様です」と言い切る飲食店が多いなかで、「アルバイトはお客様です」と言い切る真逆のパラダイムシフトによって、アルバイトの採用、育成・定着に実績を上げている企業がある。「塚田農場」などの飲食店チェーンを経営する株式会社エー・ピー・カンパニー（東証1部上場）である。

代表取締役社長の米山久氏は、「生販直結」を提唱し、経営理念、ミッション、バリューを通じて語りかけるなど理念経営を実践している。

副社長の大久保伸隆氏は、『バイトを大事にする飲食店は必ず繁盛する～リピーター獲得論』（２０１６年幻冬舎新書）を著している。飲食業界が採用不況のなか、なぜ塚田農場にだけはアルバイトが集まるのか。「アルバイトは働く客である」との思想を基軸にして、50坪15席の「塚田農場錦糸町店」が年商２億のレジをたたいて伝説の繁盛店になった理由、外販や割引もせずリピート率82％の奇跡を起こした理由など、塚田農場の経営戦略の全てがわかる書籍である。

ユニークな取り組みとして、学生アルバイトを対象とした就活支援「ツカラボ」を取り上げたい。これは、塚田農場で働くアルバイトを対象に株式会社エー・ピー・カンパニーへの入社ではなく、学生アルバイトそれぞれが望む企業への内定取得を全面的に支援する内容であるから驚きである。毎年８月から翌年３月まで大久保副社長が講師を務めるほか、上場企業の人事責任者、№１ホストなどをゲストに迎え、月１就活セミナーを実施している。少なくとも卒業月の３月までアルバイトを続けてもらえるので、オールウインの関係となっている。

新卒採用サイトでは、「裏口採用特設ページ」を設けて、エントリー、説明会後、飲食店でのアルバイト経験など、ミッションをクリアした者は数回の面接を飛ばして最終選考に進めるなどオリジナルな取り組みを行っている。

「アルバイトはお客様です」を文字どおり実践して、人手不足とは縁のない店舗づくりを行っている塚田農場なら食事にも行ってみたい気がする。

第54話　プチ勤務を歓迎する

戦後日本の流通サービス業は、時間給のパートではあるが正社員並みに働く数多くの「疑似パート」の存在に助けられたこともあって、右肩上がりの成長を遂げてきた。近年では、流通サービス業のみならず、飲食業、医療・介護業界など多くの業界の働く現場で、パート・アルバイトによるシフト勤務が欠かせないものになっている。

ところが、ここにきて、働き方改革関連法のなかで「同一労働同一賃金」が要請されるに至り、パート・アルバイトにも正社員同様の基準でもって住宅手当、食事手当、通勤手当といった諸手当を支給せざるを得ないことになった。異次元に突入したとも言える深刻な人手不足を迎えるなかで、ダイバーシティと呼ばれる多様性の尊重にも目を向け、本気で取り組んで行かなければならない。平たく言えば、パート・アルバイトを単に安上がりで便利使いできる労働力として扱う時代は終焉したということである。

経営者の我を通せば人は遠ざかる。自然と従業員も遠ざかる。経営者が大らかになって我慢すると人が集まってくる。自然と従業員も集まってくる。人手争奪戦、まさに戦争の渦中である。この非常時に額に青筋を立てて怒鳴るのか、大らかになれるのかで経営者の器が問われることになる。残念ながらボールは経営者の手にはない。従業員の手にある。固く握った手を太陽政策で開かせて喜んでボールを渡してもらうのである。そのためには、1日1時間~3時間程度のプチ勤務を歓迎しよう。従業員にとって都合の良いシフトを歓迎しよう。これによって管理事務の増嵩などが予想されるが、それこそ、今どきの勤怠管理システムの導入などで乗り切ってほしい。職場からパート・アルバイトがいなくなれば元も子もない。「大の虫を生かして小の虫を殺す」との諺がふと頭をよぎった。

「賃金引き上げと労働生産性向上」

第55話　迷わず賃上げする

東京オリンピック・パラリンピック関連の工事などで人手不足感が一段と強まる見通しのなかで、スーパーゼネコン一角の大成建設株式会社が２０１７年春に35歳までの若手社員を対象に６・７％ものベースアップを発表した。日本のＧＮＰの３分の１を支える建設業、スーパーゼネコンの決定であるだけに、他のゼネコン、サブコンの追随は言うに及ばず全産業に与える影響も計り知れない。今後この手の報道が続出することは火を見るより明らかであろう。因みに、株式会社日本経済新聞社がまとめた２０１８年の賃金動向調査によると、平均の賃上げ率は２・41％と20年ぶりの高水準となっている。大手製造業主導の相場形成ではなく、人手不足の危機感から賃上げに動いた陸運や小売りが相場を押し上げている。初任給アップも広がっている。２０１８年春の初任給でトップの座に就いたのは、ＰＷＣＪａｐａｎグループで35万円、楽天株式会社も30万円と気を吐いている。伸び率ではスカパーＪＳＡＴ株式会社の15・５％を筆頭に、佐川急便株式会社も９・５％と高い伸びを見せるなど、さもありなんという状況である。

政府は年３％の賃上げを掲げており、２０１６年度、２０１７年度ともに最低賃金の上げ幅は25円と過去最高を更新してきたが、２０１８年度はさらに26円の上げ幅を記録更新するなど賃上げを後押ししている。

厚生労働省では、「キャリアアップ助成金」（賃金規定等改定コース）として、有期契約労働者等の基本給の賃金規定等を２％以上増額改定し、賃上げさせた場合に雇用助成金を支給している。国税庁も２０１３年度から賃上げ税制（所得拡大促進税制）を導入しており、企業が一人当たりの平均賃金を前年との平均値との比較で一定比率以上増やすなど諸条件を満たした場合、法人税から税額控除される仕組みである。「儲け使い」の政策誘導ではあるが、「国の政策には逆らうな」が今も昔も鉄則ではなかろうか。

確かに、賃上げは、人手不足解消に際して一番簡単な手法であるが、同時に一番困難な手法でもある。しかしながら、決断は待ったなしである。今、従業員確保に成功した企業だけが２倍の大きさになって勝ち残る時代である。この苦難を生産性向上、値上げ、人材ポートフォリオ組み換えなど諸課題と向き合う良いチャンスと捉えてほしい。企業の構造改革無くして賃上げ無し。企業の構造改革無くして人材確保無しと断言したい。

第56話　5Sを徹底する

5Sは、トヨタ生産方式の基礎とも言われており、製造業のみならずサービス業などの改善運動のスローガンであって、1．整理、2．整頓、3．清掃、4．清潔、5．躾の頭文字を取ったものである。もう少し解説すると、整理、整頓、清掃、清潔の4S運動を習慣づけるために躾を加えて5Sとしたものであって、次のように定義づけすることができる。

「整理」は、必要なものと不必要なものを区別すること
「整頓」は、必要なものをいつでも取り出し使えるようにしておくこと
「清掃」は、点検清掃を心がけること
「清潔」は、3S（整理、整頓、清掃）を守り職場の衛生を保つこと
「躾」は、4S（整理、整頓、清掃、清潔）を守る習慣をつけること

５Ｓを徹底することで、無駄な作業や過剰在庫がなくなり、安全で効率的な職場が誕生することになる。働き方改革を推進していく過程で避けては通れない生産性改革の第一歩として全ての業種、全ての企業に取り組んでいただきたいテーマである。

５Ｓを発展させて、コンピュータを利用することで成功した例として「美味しくて安い、そして楽しい」の「がんこ」コンセプトに則り、日本の伝統的食文化を提供するがんこフードサービス株式会社を紹介したい。校友会活動でご縁をいただき、２０１５年当時、代表取締役社長の職にあった東川浩之氏から直接教わった話である。接待や宴会などで連日賑わう「がんこ銀座４丁目店」、ここでは顧客が望む十分な接客ができているのかを把握するために仲居さんの帯にセンサーを付けて１週間にわたり行動を分析した。これを３Ｄのコンピュータグラフィックで再現した店舗に仲居さんの動きを可視化、無駄な動きを排し接客強化を行いおもてなしレベルを高めた結果、夜間の注文件数を４割伸ばすことに成功している。

このようにして、５Ｓは誰でも、どこでも、簡単に取り組める生産性改革と言って良い。

さあ、５Ｓという扉の入り口から生産性改革に、そして働き方改革に入っていこう。

第57話　ＡＩ・ロボを活用する

このところ、囲碁や将棋の世界でＡＩが名人と呼ばれる棋士たちを打ち破り、大きな話題になった。車の世界を見渡せば、アメリカのテスラを先頭にレベル５の完全自動運転に向けてスタートしている。ＡＩの発展とロボットの低価格化により、かっては人間にしかできないと思われていた知的労働さえも機械が担う時代がやってきたのである。

ここで、ＡＩを憎んだところで詮無い話である。なぜかと言えばＡＩへの抵抗は、19世紀初頭の産業革命時に英国で起こったラッダイト運動（機械破壊運動）とその本質は変わらないと思うからである。むしろＡＩを活用してどう生きていくのかを考えたほうが賢明である。ここでは、業種ごとの最新の動きをご紹介させていただくので、今後活用していくうえでの資とされたい。

「医療・介護」

病院や診療所では、手術支援ロボット「ダ・ヴィンチ」をはじめカルテの自動入力や画像解析、最適な治療法の選択などにＡＩ医療を取り入れたＡＩ病院の実現に産官学が連携して乗り出している。受付では、フクダ電子株式会社が開発した患者の順番管理アプリによって、病院スタッフに代わって、受付から患者の呼び出しまでヒト型ロボット「ペッパー君」が代行することが見慣れた風景になってきた。「ペッパー君」は医療業界のみならず、携帯ショップや回転寿司などあらゆる業界を席巻する勢いである。

介護施設では、認知症高齢者の離床状態を検知し、即時にスタッフに知らせ、コミュニケーションを取り、声かけや居場所の特定、危険状態を確認できる見守り支援機器としての介護ロボットなど、びっくりするほど多彩なロボットが出回ってきている。

「卸・小売り」

アパレルでは、株式会社ファーストリテイリングを先頭に、小売り各社が一斉に「無人レジ」の導入に動き出した。ＧＵ（ジーユー）では、全商品に電子タグ、無人レジで精算時間を３分の１に短縮して顧客サービスに応えている。アマゾン・ドット・コムは、２０２１年までにレジのないコンビニエンスストア「アマゾン・ゴー」３０００店舗の開設を計画している。国内ではコンビニ大手５社が２０２５年までに店舗で取り扱う年間１０００億点の商品全てに電子タグを取り付ける「コンビニ電子タグ１０００億枚宣言」を発表した。小規模な店舗であってもＰａｙＰａｙなどキャッシュレスのスマホ決済を導入すれば、精算に要する時間が短縮できることは間違いなさそうだ。さらに、株式会社ファーストリテイリングや株式会社イトーヨーカ堂などはＡＩによる需要予測から発注、生産改革にまで乗り出している。株式会社ファミリーマートはＡＩを出店の可否を判断することに利用し始めている。

「物流・サービス」

物流システムの自動化設備で世界シェア首位を誇る株式会社ダイフクは、アマゾンや中国のネット通販大手など世界中の有力企業を顧客に抱えている。筆者と大学ゼミの同級生としてかつては机を並べた代表取締役社長の下代博氏は今や世界を舞台に活動し、工場は連日フル稼働と発言する。確かに、多岐にわたるダイフクの顧客は、倉庫を自動化することで無駄を減らし、生産性を改善している。この他、三菱電機株式会社、株式会社東芝などがピッキングロボットを、シャープ株式会社、日本電産株式会社、オムロン株式会社など従来は車づくりと無縁のはずの企業がＡＧＶ「無人搬送車」を手がけている。

宅配では、ヤマト運輸株式会社と株式会社ディー・エヌ・エーのコラボで自動運転による宅配実験が始まっていて、その名は「ロボネコヤマト」と命名されている。

学習塾では、講師がいない教室で講師の代役をタブレットが務め、生徒のレベルごとのカリキュラムを提供する学習塾が出てきている。

ホテルでは、株式会社エイチ・アイ・エスの子会社が手がける「変なホテル」。フロント、クローク、ロビーと「接客ロボ」にお任せ。チェックインからチェックアウトまで従業員と話すことなく過ごせるのが特徴である。ロボット導入によって、約30人いたスタッフが3分の1以下の7人となった。

ショッピングセンターでは、イオン株式会社は自律走行する「ロボット清掃機」を２０１８年中に４００台導入の予定である。

「飲食業」

手打ちが売り物のうどんチェーン株式会社グルメ杵屋では、うどんの「杵屋」に製麺機を導入した。大阪王将を運営するイートアンド株式会社では、厨房での包丁を使った仕込み作業を廃止して仕込み済みの食材を業者から仕入れる方式に切り替えた。身近なところでは、パーシャル冷蔵庫の導入により、肉や魚など表面だけ凍らせて解凍せずに済むので時短に結び付けるというアイデアもある。この他にも串刺し機、パスタゆで機、ごはん盛り付け機などが活躍し始めている。中国ではアリババグループなどが無人のロボレストランのチェーン化を既にスタートさせている。

「建設・不動産」

清水建設株式会社では、重い鉄筋などを運ぶ作業をアーム型ロボットが代替、従来7人を要した作業が3人で可能となった。株式会社竹中工務店では、CLT工法やPC工法を利用して工期や作業員の削減に取り組んでいる。

国土交通省ではドローンに関して2020年以降の都市部での本格解禁を目指しているが、既に現場では部材の配送、工事の進捗管理、マンションの管理、測量などで活躍し始めている。大阪市西区には「ドローンミュージアム堀江」がオープンし、ドローンの最新の機体や技術、ホビーにいたるまで自由に見聞き触れ、知ることができる場として重宝されている。

「製造」

町工場では、ミッションやデータを与えることによって学習するロボットが進出し始めている。株式会社沖データは、汎用ロボットを知能化して、人から指示されなくても自ら動き、改善できる「次世代ロボット」を開発した。1台750万円前後と身近な価格帯でもあるので今後の導入が期待される。

「全ての業種の管理部門」

代表的な業種で導入が検討できるＡＩやロボについて解説してきたが、全ての業種の管理部門においてパソコン操作は必須業務となっている。現在、大手金融機関を先頭に「ＲＰＡ」（ロボティック・プロセス・オートメーション）という名称の、パソコンを使う定型の事務作業を自動化するソフトの導入が進められている。人事総務部では、勤怠管理・賃金計算、労働保険・社会保険の事務が発生する。こうした日々の定型業務を手作業でなくクラウドや電子申請によって担いをさせることで、作業時間の短縮、計算ミスの防止、ペーパーレス、個人情報保護などが図られて良いことづくめではないか。利用しないという手はない。

さらに、「ＨＲテクノロジー」として、ＡＩを採用業務の効率化や人材配置、ひいては退職予備軍の発見などに利用する取り組みが始まっている。

第58話　仕事を捨てる

とうとう「仕事を捨てる」などとセンセーショナルなことを書いてしまった。仕事を捨てれば、最後は企業を閉めるしかないではないか。そう、それで良いのである。そこまでコーナーリングに追い詰められていることに早く気がついてほしいのである。

「先代からご縁をいただいて、お取引をさせていただいているので」と言えば、確かに耳障りは良い。しかし、この耳障りの良さが災難を招く。そこに「良い格好税」を払っていないか？　自問自答すべきである。担当者の時間給にもならない、もっと極端な例では最低時間給にも満たない仕事を十年一日のごとく漫然とこなして悦に入っている社長が余りにも多いのである。

工具などのインターネット通販で急成長を果たした株式会社ＭｏｎｏｔａＲＯなどは、事務の仕事を数千種類にも分類したうえで、標準作業時間を決めてシステムで管理するなど効率的な働き方に取り組んでいる。ここで、作業ごと、担当者ごと、取引先ごとの時間単価を算出して、ＡＢＣ分析してみると良い。苦渋の選択にはなるが、単純に少しだけ値上げのお願いをするのか、付加価値を付けて大きく値上げのお願いをするのか、さもなくば取引終了のお願いをするのか、駆け引きも含めてとても辛いがこれこそが経営であり、労働生産性の向上、ひいては働き方改革の原資となっていくのである。

（仕事を捨てる手順）

1．仕事を作業に分類する
2．作業に標準作業時間を決定する
3．作業の時間単価を分析する
4．値上げする。
5．仕事を捨てる。

一見辛いばかりに思えるレシピをお出ししたが、「続いてこそ道」との禅語を噛みしめてほしいのである。もちろん、実現に向けては取引先や従業員などに向けて慎重な準備が必要であるが、30年前の昭和の美学や商慣習はそろそろ終わりにしよう。

第59話　アウトソーシングを活用する

アウトソーシングの活用と言えば、真っ先に社会保険労務士に人事総務事務を税理士に経理事務を委託することが思い浮かんでしまう。これはもう職業病としてお許しいただきたいのである。実際は、これ以外にも製造業や建設業などで見られる下請け、一人親方及び家内労働などの活用が考えられる。

現在、政府は第４次産業革命のシンボルとも言える「ＡＩ」、「ＩｏＴ」及び「ビッグデータ」などの技術を、あらゆる産業や社会生活に取り入れることを謳っている。かつては、第４次産業革命など士業とは無縁のものと思われていたが、２０１５年12月に野村総合研究所と英国オックスフォード大学の共同研究により「ＡＩやＩｏＴで代替される士業と代替可能な業務範囲の比率」が公表されたので、士業界では激震が走っている。しかしながら、筆者は専門的知見の研鑽に努力し、電子申請、ＡＩ及びＩｏＴなどを活用できる士が今以上に求められる時代が到来することを確信する一人であって、読者の皆様にあっては、そうした要件を具備した士に企業の重要な事務や相談をアウトソーシングしていただきたいと願うものである。

・行政書士　93・1％
・税理士　92・5％
・弁理士　92・1％
・公認会計士　85・9％
・社会保険労務士　79・7％
・司法書士　78・0％
・弁護士　1・4％
・中小企業診断士　0・2％

こうした一方で、ネット上で企業が仕事を発注し、フリーランスなどの個人が請け負う「クラウドソーシング」が拡大基調にある。「クラウドワーカー」と呼ばれる労働者の数は2018年末に500万人を超え、国内の労働力人口の7％を占める見通しとなっている。子育てや介護の最中にあって働きたくても働けなかった人など柔軟な働き方の受け皿として、また人手不足解決策のひとつとして期待が集まっている。仕事内容としては、ウェブサイトの作成や翻訳といった専門性の高いものから、データ入力など一般的なものまで幅広いものとなっている。トラブルを避けるためにも、雇用契約か請負契約かという契約形態、時間管理、セキュリティ及び教育訓練などに注意して上手にクラウドソーシングを活用されたい。

「長時間労働の是正」

第60話　長時間労働をなくす

飲食大手のワタミ株式会社と株式会社ゼンショーホールディングスが従業員を低賃金で長時間働かせていたとしてブラック企業の烙印を押され、そのあげくは従業員の流出が止まらず相次ぐ店舗の閉鎖に追い込まれたことなどがブラック企業問題として一時期マスコミを賑わせた。この事件がきっかけとなって、チェーン展開する飲食店やコンビニ店などで24時間営業の看板を降ろし営業時間の短縮に取り組む動きが見られるようになってきた。

現代版「蟹工船」とも言うべきブラック企業は、若者を低賃金で長時間働かせ、使い捨てすることをその特徴とする。企業の風上にも置けない存在である。一度、ブラック企業とのレッテルを貼られてしまうと、ブログの炎上、風評の広がりなどで人手不足は決定的なものとなり、慌てて求人媒体にお金をつぎ込んだところで詰みとなる。こうなれば、労務倒産さえ現実味を帯びてくる。

このところ、サービス残業問題が話題を集めているが、厚生労働省は、「サービス残業＝賃金不払い残業＝犯罪」との要項を定め、臨検調査などの取り締まりを強化している。月額30万円の従業員に毎日定時の18時から22時の4時間サービス残業させた場合、2年遡及して請求されると、概算1、000万円支払うはめとなる。現在、この時効を5年にすることが検討されているので、そうなる前に善処されたい。

そればかりか、長時間労働は、過労死（脳・心臓疾患）やうつ病（精神障害）とも深く関係しているのである。長時間労働を原因とした過労自殺に関して、企業の安全配慮義務が問われた有名な判例として、労災保険に加えて1億円を超える民事賠償を命じた「電通事件」と「オタフクソース事件」がある。

このような我が国の長時間労働を前提とした働き方を是正するために、2018年6月29日に働き方改革関連法が成立し、長時間労働の是正に関しては2019年4月1日（中小企業は2020年4月1日）以降施行される運びとなった。長時間労働の是正に関して、主な改正内容は次のとおりである。

1.「時間外労働の上限」について、月45時間、年360時間を原則とし、臨時的な特別な事情がある場合でも年720時間、単月100時間（休日労働を含む）、複数月平

均80時間（休日労働を含む）を限度に設定する

2. 月60時間を超える時間外労働に係る割増賃金率（50％以上）について、中小企業への猶予措置を廃止する。また、使用者は、10日以上の有給休暇が付与される労働者に対し、５日について毎年時季を指定して与えなければならないこととする

3. 高度プロフェッショナル制度の創設等

4. 労働時間の状況を省令で定める方法により把握しなければならないこととする

5. 勤務間インターバル制度の普及促進等

6. 産業医・産業保健機能の強化

第61話　朝は、早出を禁止する

元来の怠け者で、低血圧という体質もあって朝寝坊の筆者であったが、流石に50の齢を過ぎると朝は自然と目が覚めて起きることができるようになった。友人などの話では寝るにも体力が要るので、老化現象のひとつらしい。

高齢化社会を反映してか、どこの職場でも若者以上に元気な高齢社員が目立つようになってきた。一見健康的で微笑ましい職場風景のように映るが、早朝出勤の必要や命令もないままに勝手に毎日早朝出勤しタイムカードをついて動き回るから始末に悪い。ここにメスが入った。最近になって労働基準監督署の臨検調査においてもこれをサービス残業として取り扱い、遡及して支払いを命じることが一般的になってきたのである。

現況を正確に把握したうえでのことになるが、無断での早朝出勤は断じて禁止しなければならない。まずは、就業規則や雇用契約書などで明確に禁止するべきである。次に、休憩室、工場、バックヤードなどにお知らせとして張り紙をし、あるいは社内WEBなどでビジュアルに訴え、さらには、朝礼や社内ミーティングを通じて口頭で繰り返し繰り返し浸透させていくべき根気の要る問題と言える。

（早出を禁止する手順）

1. 就業規則、雇用契約書などで禁止する
2. 張り紙や社内WEBで禁止する
3. 朝礼や社内ミーティングなどで禁止する

第62話　夜は、強制退去させる

仕事柄もあって、数多の関与先企業から長時間労働問題について、ご相談を承ってきた。雇われの総務部長や工場長などは、仕事量から考えると17時や18時といった終業の10分前にチャイムを鳴らして、パソコン・照明・機械の電源を落とし、シャッターを閉めるなどありえないと口を揃えて言う。できない理由を並べるのは簡単だが、経営者自身が英断を下し、筆者の指導に従ってくれた関与先は、どの企業も売り上げを落とすことなく長時間労働問題を卒業することができ、相次ぐ感謝の声となった。昨日まで一体何をしていたのかとの気持ちにもなるが、反対に、人間の可能性の奥深さを思い知らされる場面でもある。

手前味噌な話にはなるが、最近になって筆者の小さな事務所も18時以降は一切電話を取らないことにさせていただいたが、何の支障もなく事務所は回っている。

（強制退去させる手順）

1．終業定時10分前にチャイムを鳴らす

2. 終業定時にパソコン、照明、機械などの電源を落とす
3. 終業定時10分後にシャッターを閉める

第63話　持ち帰り残業は禁止する

時間外労働の上限規制など働き方改革が浸透していくのに伴って心配されるのが、持ち帰り残業である。表向きは定時で帰れるようになっても、仕事が地下に潜って持ち帰り残業しているようでは本末転倒である。今回、働き方改革関連法のなかで、労働安全衛生法の改正が行われ、「労働者の健康確保措置の観点から、労働時間の状況を省令で定める方法により把握しなければならないとする」と義務化規定が加わったことに注目すべきである。企業は、持ち帰り残業の実態やこれに伴う労働時間数を把握しなければならなくなったのである。

持ち帰り残業を放置することによって、次のような企業リスクが生じることも考慮しておかねばならない。

「サービス残業リスク」

従業員を定時で強制退去させるまでは良いが、客観的に見て所定内労働時間では処理しきれない仕事量を要求している場合など、持ち帰り残業を強要したと判断され、賃金支払い義務が生じることになる。

「従業員の健康リスク」

持ち帰り残業が常態化すると、長時間労働やストレスを原因とした過労死（脳・心臓疾患）、うつ病（精神障害）などの発生につながり、これが労災認定されることによって、民事賠償責任が発生することになる。

「情報漏洩リスク」

社外にパソコン、ＣＤ、ＵＳＢ、書類などを持ち出すことになるので、盗難、紛失などによる情報漏洩が危惧される。

このように危険だらけの持ち帰り残業をなくすためには、就業規則等で持ち帰り残業を禁止するなど、ルール整備やテレワーク同様に勤怠管理システムの導入が不可欠なものとなってくる。もっと根っこの問題としては、働き方改革や生産性改革に取り組むことで長時間労働と決別する覚悟が必要であろう。

第64話　HRテックを活用する

日本企業の人事総務部門にAI、ビッグデータ、クラウド、モバイルなどの技術を活用したサービスを提供する「HRテック」の活用が広がりを見せている。これも、従業員の勤怠管理、賃金計算、従業員管理といった定型業務だけでなく、採用時のエントリーシートの評価や配属・教育・研修などの最適化など、従来は人間の判断を必要としてきた非定型業務までをカバーするようになってきた。

これらHRテックの導入によって、企業の勤怠管理は、従業員が紙のタイムカードで打刻し、その集計した勤務データをエクセルなどに移して賃金計算するといった労働集約型の仕事の在り方が大きく変わろうとしている。

株式会社ヒューマンテクノロジーズが提供する「キングオブタイム」などクラウド型の勤怠管理システムと株式会社マネーフォワードが提供する「MFクラウド給与」などクラ

ウド型の賃金計算システム、さらに総務省の電子申請サイト「ｅ－Ｇｏｖ」と連携している株式会社ＳｍａｒｔＨＲが提供する「スマートＨＲ」などクラウド型行政手続きシステムを組み合わせて活用することで、ほぼ自動で勤怠データを読み込み、賃金計算を行い、労働・社会保険の手続までしてくれるから便利なことこの上ない。

この他にも、株式会社ロココグループが提供する勤怠管理システム「ＴＩＭＥＳ」やｆｒｅｅｅ株式会社が提供する「ｆｒｅｅｅ」など同様のサービスを展開している企業も存在し、従業員の勤怠管理など人事総務部門の定型業務に要する業務時間が10分の１になったという声も聞く。データを移し替えるなどといった二度手間三度手間の作業がなくなるので、人事総務部門など間接部門の生産性改革に大きく寄与することになるのである。

第65話　営業短縮に取り組む

これまで百貨店、スーパーなどの小売チェーンや外食チェーンは、営業時間を延長し、営業日を増やすなど便利さを競って集客してきた。１９８０年代に入ると、24時間営業を売り物にする店舗が相次ぐようになったが、このところの深刻な人手不足を原因に営業時間延長から営業短縮へと巻き戻しする流れが鮮明になってきた。

「百貨店」では、大阪の京阪百貨店や福岡の阪神阪急百貨店などが営業時間の1時間短縮をスタートさせたのをはじめ、SCでも東京のルミネなどでも同様の動きが見られる。

「スーパー」では、イオン株式会社のイオンモール幕張新都心など一部の店舗で営業時間を1時間短縮している。

「外食」では、ロイヤルホールディングス株式会社のロイヤルホストが24時間営業を全面的に廃止したのをはじめ、株式会社すかいらーくホールディングスのガストなどは24時間営業を廃止する対象店舗の拡大に取り組んでいる。

高齢化が進んだ地域などでは24時間営業を看板にしても夜間の時間帯の集客来店が見込みにくい店舗やスタッフを集めにくい店舗が存在し、営業時間の短縮はこれまで非効率であった店舗の生産性改革に資することになっている。24時間営業を全廃したロイヤルホストなどは、時給の高い早朝・深夜の人件費削減を図ると同時に、浮いたスタッフをランチやディナーのピーク時間帯に重点配置するなど、1店舗当たりの従業員数を増やすことで接客サービスの向上にも取り組んでいる。この結果、売上高だけでなく株価も大きく伸ばすなど上々の成果を収め、営業短縮の優等生となっている。

第66話　時差出勤制度を導入する

それにしてもこの国の通勤ラッシュは酷いものである。尋常ではない。駅員に押されて乗客にも押されて必死で吊革にぶら下がって辛抱すること1時間。まさに通勤地獄とはこのことであり、これでまともな仕事ができるとは到底思えない。いかにエリートサラリーマンであったとしても、毎日の通勤がこれでは格好良いとは誰も思わないだろう。

２０２０年の東京オリンピック・パラリンピックを目前に控えた東京都は、期間中の混雑緩和に向けて時差出勤を励行する「時差Ｂｉｚ応援キャンペーン」を企業８００社との連携でスタートさせている。オフピーク通勤者に対してお菓子を配ったりするほか、東日本旅客鉄道株式会社では朝マックコンビメニューのドリンクサイズアップを無料にし、京王電鉄株式会社ではグループポイントをプレゼントするなどの応援内容である。

企業や官庁などでは、働き方改革や生産性改革といった視点から時差出勤に取り組み始めている。旧来型の日本の職場では、全員が同じ場所で同じ時間拘束されて働く仕組みもあって上司より先に帰宅しにくいといった悪慣行を時差出勤によって払拭するのである。東日本電信電話株式会社、損害保険ジャパン日本興亜株式会社など大手企業を中心に時差出勤をスタートさせている。さらに一歩踏み込んで、株式会社セブン＆アイ・ホールディングスでは、1日の勤務時間は7時間45分と同じにして、始業時刻を午前8時、午前9時、午前10時の3つのなかから、東京都豊島区では、就業時間を5つのなかから従業員が選択可能な制度を構築している。

こうした、時差出勤への取り組み努力の結果、通勤による従業員の疲れやストレスを緩和させるという本来の目的を達成しているだけでなく、会議の開催頻度が減少したり時間外労働が減少するなど各社で生産性向上が奏功している模様である。

第67話　勤務間インターバル制度を導入する

働き方改革関連法の目玉として、勤務間インターバル制度が注目されている。勤務間インターバル制度とは、勤務終了後、次の勤務までに一定時間以上の「休息時間」を設けることで、従業員の生活時間や睡眠時間を確保し、健康保持や過重労働の防止を図る制度である。

大手企業の導入例では、長時間労働問題で取沙汰されたヤマト運輸株式会社をはじめ株式会社ゼンショーホールディングス、ホンダ技研工業株式会社、ＫＤＤＩ株式会社、ユニ・チャーム株式会社、日本電気株式会社、株式会社ライフコーポレーションなど枚挙にいとまがない。

本制度を導入することで、終業時間に伴い始業時刻がシステムとして決定されるので、付き合い残業など本来必要でない時間外労働は自然と減少する傾向にある。同時に、労働時間、休息時間、睡眠時間など従業員自身の健康に対する意識が高まるので、企業の生産性向上と従業員の健康向上の両立が可能となってくる。

厚生労働省は、本制度導入に際して雇用助成金の支給をスタートさせている。「時間外労働等改善助成金」（インターバル導入コース）がそれであり、９時間以上の勤務間インターバルを導入し、就業規則の作成や労務管理ソフトを導入するなど取り組みをした企業に支給されるものである。

一見良いことづくめに映る本制度ではあるが、諸手を挙げて受け入れるのみでは競争力を落としてしまうことになりかねない。仕事の質と量を落とさないための工夫として要員計画や人員配置、同僚や取引先の協力などの取り組みが求められることは申し上げるまでもない。

第68話　プレミアムフライデーを導入する

昭和の時代の「花金」が、またぞろ装いも新たに「プレミアムフライデー」と改称されて登場してきた。これは、２０１７年に政府と経団連を中心とした経済界が合従連衡して、賃金支払日である25日直後の月末金曜日に少し早めの15時には仕事を終えて、夕方から食事や２・５日旅行など、ちょっと豊かな週末を楽しもうとの個人消費喚起キャンペーンである。

２０１８年7月に株式会社グローバルウェイが発表した「医薬品業界の働きやすい企業ランキング」で1位に選ばれたアステラス製薬株式会社は、生産性の高い働き方を実現してワークライフバランスを充実させようとの考え方のもとで、時短を金曜日にまとめて、金曜日には16時で退社できる「ファミリーフライデー制度」を２００９年から始めている。今話題の「プレミアムフライデー」の先駆けとなる取り組みとして注目される成功例と言える。

現在のところ、時給で働く非正規従業員が収入減となる、月末は決算業務で多忙、中小企業は取引先の理解や協力を得るのが困難など、もっともらしくできない理由を並べる企業が多く、導入企業は極めて少ない状態である。これこそチャンス到来である。「細く見える道」、「困難に思える道」をあえて選んで歩いていくところに成功の二文字が待っている。とりわけ、中小企業が皆が歩く大きな道を歩いてしまうと、埋没してしまってその他大勢組になるしかないのである。約５千社が加盟するプレミアムフライデー推進協議会に入会すると、ロゴマークの使用が許され、商品、イベント、キャンペーンなどで使用できるようにもなる。工夫を重ねてプレミアムフライデーを導入し、採用活動に堂々とロゴマークを使ってみよう。

第69話　サービス残業をなくす

現今の労務事情のなかで、サービス残業問題こそがまさに労働トラブルの引き金になることが多いのであり、同時に労働基準監督署による監督指導急増の一番の原因となっている。

創業100年、3代目社長が切り盛りする地域一番の老舗企業、税務署とは3年に一度のお付き合いをするも労働基準監督署とは縁がなし。そんな企業にも労働基準監督署による監督指導の影が忍び寄る時代になってきた。

厚生労働省「2017年度監督指導による賃金不払残業の是正結果のポイント」によれば、全国の労働基準監督署が、2017年4月から2018年3月までの1年間に、残業に対する割増賃金が不払いになっているとして労働基準法違反で是正指導した事案のうち、1企業当たり100万円以上の割増賃金が支払われた事案の状況は、次のとおりとなっている。

・是正企業数　１、８７０企業
・支払われた割増賃金合計額　４４６億４、１９５万円
・対象労働者数　20万５、２３５人
・割増賃金の平均額　１企業当たり２、３８７万円
　労働者１人当たり22万円

行政による取り締まりの強化は、２００３年「賃金不払残業総合対策要綱」など通達の発令にみることができ、これによって、「サービス残業＝賃金不払い残業＝犯罪」との図式が明確化された。サービス残業問題に関して監督指導などがなされた結果、未払い賃金の支払いなどを命じられた場合、支払いの相手方は労働基準監督署ではなく、自社の従業員であることを忘れてはならない。ここに、この問題解決の一番の難しさがあると言うべきだろう。

採用活動やその後の定着に関して、サービス残業の存在が支障となることは、自明の理であり、それればかりか、Ｍ＆ＡやＩＰＯに関しても隠れ債務やサービス残業リスクの存在する企業として冷遇されることになる。人手不足の解消を考えるならば、いの一番にサー

ビス残業をなくすことから始めてみたい。

第70話　固定残業手当をやめる

数年来、「固定残業手当」があたかも時代の寵児の如く脚光を浴びてきた。「定額残業手当」や「みなし残業手当」とも呼ばれている。この手当の支給により、煩雑な残業手当の計算やサービス残業問題の免罪符となるうえ、毎月の支払人件費が固定平準化できる魔法の杖として、便利に使っている企業が多いように見受けられる。

ところが、ブラック企業などによる制度の悪用が後を絶たず、相次ぐ裁判例や通達として２０１７年７月31日、基発０７３１第27号「時間外労働等に対する割増賃金の解釈について」などが出されて、雲行きが怪しくなってきたのである。最近の判例によると、固定残業制度を有効なものとして適法に運用するために、次の3条件が確認できる。

1. 労働契約のなかで根拠が存在すること
2. 固定残業代部分とそれ以外の賃金が明確に区分されていること

３．実際の残業代が固定残業代を超過する場合、超過部分を精算して支払う「固定残業代の合意」が存在すること

さらに、次のようなケースでは、不誠実な労務管理の実態が存在するとして固定残業手当そのものが無効と判断される可能性が高くなるので注意されたい。

１．始業・終業時刻の適切な記録がなされていない
２．残業時間を過少申告させている
３．予め、求人広告、雇用契約書、就業規則などで固定残業手当について明記していない
４．固定残業手当などの名称であっても実質的には歩合給であるなど、時間外労働の対価としての性格を有していない
５．固定残業代手当に含まれる金額や時間を超える残業が発生しても、差額を支払っていない
６．従業員に月間80～１００時間を超える残業をさせ、健康管理をしていない

大学をはじめ民間の求人広告などでも、固定残業制度のあぶりだしが始まっている。求人票のなかで本来の基本給と固定残業手当を峻別して記載することが一般的になりつつあ

る。学生などは、固定残業手当のある企業、即ちブラック企業とのイメージを持ち、そんな求人票は瞬時に読み飛ばされることになる。固定残業手当を導入した企業はどうも分が悪くなってきた。白旗を揚げて仕切り直そう。

第71話　週休3日制を導入する

週休2日制が実施できたと喜んでいたら、その隣で週休3日制を導入する企業が出てきた。先駆けとなったのは、株式会社ファーストリテイリング、ヤフー株式会社、日本アイ・ビー・エム株式会社、佐川急便株式会社、など大手企業である。週休3日制の導入は、多様な働き方を応援することで採用活動を有利に展開するとともに、仕事と家庭を両立させるワークライフバランスを実現することで離職を防止し、ひいては限られた勤務日数、勤務時間で従業員から最大のパフォーマンスを引き出すことで生産性向上につながると考えられる。

ユニクロを経営する株式会社ファーストリテイリングの場合、通常のフルタイム勤務が

1日8時間×5日勤務（週休2日）＝40時間に対して、週休3日を選択した場合、1カ月単位の変形労働時間制を利用して、1日10時間×4日勤務（週休3日）＝40時間となるので、1週当たりの労働時間は変わらず、賃金も同額支給される仕組みとなっている。地域限定社員だけを本制度の対象とし、しかも小売りという仕事の性格上から休日は平日に取得することが求められているのが特徴である。週休3日制採用企業のなかには、休日に兼業を認めたり、1日の労働時間などを従業員に選択させたうえで労働時間に応じて賃金を減額するなど柔軟な対応をしているところもある。

本制度は、人手不足の解消に役立つだけではなく、従業員に生産性の高い仕事の仕方を習慣づけたり、モチベーションアップを引き出すことが可能となるなど企業にとってメリットが多いので、その導入を推奨したいところである。反対に、職場や従業員によっては休日の増加が困難であったり、育児や介護のため勤務時間の延長が困難であったりするので、公平感を保ちながらワーク・ライフ・バランスの配慮をしていくことが求められる。

第72話　休暇を増やす

国際的に見て、日本は休暇後進国と言わざるを得ない。元来、農耕民族ゆえか人目ばかり気にしてバカンスはおろか休暇でさえ取得する習慣もない。厚生労働省の調査によると、2016年度の日本の年次有給休暇取得率は49・4％と半分にも満たない状態であって、世界でワースト1の座をしっかり守り続けている。経営者は従業員を拘束して安心し、従業員は仕事するふりして安心する、という何とも貧困で情けない光景である。

働き方改革関連法の誕生によって、企業は毎年5日間、時季を指定して年休を付与する義務を負うことになったが、ここは、就業規則で制度化することで強制的に休暇を増やすしかない。休暇を取得しても売上を落とさず、クレームを出さず、職場が回る仕組みを全員で考え作り上げることで生産性向上を図るのである。

年次有給休暇や慶弔休暇以外の代表的な休暇としては、次のようなものが考えられる。

1. リフレッシュ休暇　　勤続5年、10年などの区切りで取得できる休暇
2. アニバーサリー休暇　結婚記念日など特別な日に取得できる休暇

3．家族バースデー休暇　配偶者や子供の誕生日に取得できる休暇
4．ボランティア休暇　災害支援などボランティアに取得できる休暇
5．サバティカル休暇　自らの働き方やキャリアを見つめなおす長期休暇
　この他、遊び心のあるユニークな休暇を紹介しておく。
6．エンタメ休暇　ゲームの発売日に並んで買うために取得できる休暇
7．バーゲン休暇　夏冬のバーゲンに並んで買うために取得できる休暇
8．コンサート休暇　コンサートに行くために取得できる休暇
9．失恋休暇　失恋のショックから立ち直るために取得できる休暇
10．ペット休暇　ペットを病院に連れていくために取得できる休暇

　これらの休暇は、企業によっては年次有給休日消化率をアップさせるために年次有給休暇と紐付けにしているところもある。もっとも、法定外休暇という位置づけにすれば休暇を取得して賃金を支給するかしないか、祝金や奨励金との形で渡すのかも含めて自由設計である。ワークライフバランスの実現や話題性の演出なども考慮して独自の休暇を設計すれば良い。

Day Off
Holiday

「雇用力の高い産業への転職などをさせない教育の問題」

第73話　ＯＪＴとＯｆｆ－ＪＴを行う

経営の３要素は、「ヒト」、「モノ」、「カネ」と言われている。経営者にどれが一番大事かと聞けば、たいてい「ヒト」という答えが返ってくるが、果たして如何ほど人材育成にエネルギーを注いでいるのか心許ないのである。理由は簡単で、人材育成の効果が見えにくいことと、時間がかかりすぎることにある。

中国・春秋の時代に書かれた『菅子』という書物のなかに、「1年の計は穀を植えるに如くはなし、10年の計は木を植えるに如くはなし、１００年の計は人を植えるに如くはなし」との古語を見つけることができる。優秀な人材が定着し、業績を上げ、老舗となるには時間がかかるのである。働き方改革では長時間労働の是正、つまりは、仕事の「量」から「質」へのパラダイムシフトが求められている。よりレベルの高い「質」に近づくためには、人材育成で従業員に投資するのが一番である。そのためには、継続的な人材育成の仕組みを持たなければならない。ＯＪＴとＯｆｆ-ＪＴ、階層別教育と職種別教育が基本である。

ＯＪＴとは、通常業務を通じた社内教育であり、Ｏｆｆ-ＪＴとは、通常業務を離れた社外教育である。小さな会社の場合、最初は社長自ら講師となりＯＪＴから取り組めば良い。順に講師を部長にやらせ、課長にやらせ、主任にやらせ、落とし込んでいけば、講師役の従業員も伸びること請け合いである。費用のかかるＯｆｆ-ＪＴはそれからでも遅くないのである。

階層別教育には、新入社員研修、主任研修、課長研修などの方法がある。職種別研修には、営業研修、製造研修、事務研修などの方法がある。これらの研修を、毎年愚直に繰り返すことで継続的な人材育成の仕組みが培われていくのである。

こうした人材育成には、政府も雇用助成金を支給している。「人材開発支援助成金　特定訓練コース並びに一般訓練コース」では、Ｏｆｆ-ＪＴに対する経費助成と賃金助成、ＯＪＴに対する実施助成を行っている。これらを上手に利用して、計画的に人材育成の深度を深めていただきたいものである。

第74話　技能検定資格を取得させる

この国、日本は、資格マニアの多い国だとつくづく思う。国家資格から民間資格まで合わせるとゆうに1、000種類はあると聞くが、それだけ好奇心旺盛で勉強好きや努力家が多い国との証左なら結構なことである。そんななかでいぶし銀のごとく重く光り輝くのが技能検定資格である。

技能検定とは、働くうえで身につける、または必要とされる技能の習得レベルを評価する厚生労働省所管の国家検定制度で、機械加工、建築土木やファイナンシャル・プランニングなど全部で130職種の試験がある。試験の難易度によって1級、2級、3級に分かれる。職種によっては難易度を分けないで行う単一等級や管理・監督者向けの特級がある。試験は、実技試験と学科試験により行われ、両方の試験に合格すると合格証書と技能士章が交付され、「技能士」と名乗ることができる。合格後は、技能五輪全国大会をはじめ各種技能競技大会が開催されているので、さらなる高みに挑戦することが可能となる。

製造業や建設業では、高度な技能を持ったものづくりマイスターが中小企業や学校において広く実技指導を行い、技能尊重気運の醸成を図るとともに技能の継承や後継者の育成を図る「ものづくりマイスター制度」が存在する。

企業としては、次のようなメリットが享受できると考えられる。

1. 若い技能者の習熟度を確かめる方法として有効である
2. 高い技能を持つ技能士がいることで、製品の生産性の向上や品質維持に役立つ
3. 企業の人事制度やキャリアパスで、技能検定資格を活用できる
4. 技能士がいることで、企業が高い技術力を持つ証明となり、顧客からの信頼を得られる。建設業の経審などでは技術職員として加点対象となる
5. 職人集団としての技能の伝承が可能となる

このように技能検定資格は、幅広い職種で適用できるものである。手前味噌ではあるが、お蔭様で、筆者の事務所でもファイナンシャル・プランニング技能士を無事輩出することができ、早速、合格祝金を支給して活躍いただいているところである。こうした取り組みをホームページなどで可視化することで、採用後の教育体制や資格取得を応援する姿を提案できれば、上昇志向を持った若者が応募してこないはずがないだろう。

第75話　教育訓練休暇を付与する

これからの時代を生きていくにあたって、筆者は「自治自立」こそが最も重要なキーワードだと考えている。中学、高校や大学への進路選択や職業選択といった重要な局面だけでなく結婚、住宅、車など生活各般について言えることである。当然、教育についてもしかりであって、研修会などで会社命令でしぶしぶ参加しているサラリーマンがお昼でさぼって帰る姿を見ると、自治自立とは凡そ程遠い格好の悪い生き方をしている連中だと思ってしまう。

その意味で、企業内研修は、あくまでも企業から命令を基本としつつも、従業員の希望を尊重することがあっても良いのではないかと思う。従業員が自らのキャリアアップのために参加する研修なら当然有意義な研修となることが期待できるうえに、職場に戻ってもモチベーション高く、研修の効果を発揮してくれることが期待できるのである。もちろん、研修の方向性やベクトルを企業サイドと従業員サイドが大ぐくりで同じ向きになるように「頭合わせ」、「心合わせ」するのが、人事総務部やライン長の仕事になってくることは申し上げるまでもない。そのためにも、キャリアパスなどの人事制度を予め策定して、社内に浸透させていくことが重要になってくる。

政府は、教育訓練休暇に対して「人材開発支援助成金　教育訓練休暇付与コース」との名称で雇用助成金を支給している。3年間に5日以上の取得が可能な有給教育訓練休暇を制度として導入することなどが条件になっている。当然、筆者の事務所も教育訓練休暇の制度導入を済ませて受給済みである。

採用活動においても、教育訓練休暇をアピールすることで単に頭数合わせの採用ではなく、自分の頭で考えて行動できるタイプの人材採用につながれば、望外の幸せになってくるだろう。

「テレワーク・副業・兼業といった柔軟な働き方」

第76話　テレワークを導入する

テレワークが時代の救世主のごとく扱われて熱い視線を浴びている。そもそも論になるが、テレワークとは、情報通信技術（ＩＣＴ）を活用することで、時間と場所を有効活用する柔軟な働き方のことである。「tere＝離れた」と「work＝仕事」の造語でもある。雇用型テレワークでは、働く場所によって、在宅勤務、サテライトオフィス勤務、モバイルワーク（新幹線、ホテル、喫茶店など）があり、自営型テレワークでは、在宅ワーク、クラウドソーシング、ＳＯＨＯなどが考えられる。

富士通株式会社が、２０１７年4月より全社員3万5千人を対象にテレワーク制度を導入したのをはじめ、住友商事株式会社、大和ハウス工業株式会社、ユニ・チャーム株式会社、ユニリーバ・ジャパン株式会社、株式会社近畿大阪銀行など大手企業を中心に導入が進んでいる。

テレワーク法は存在しないので、大原則として、テレワークを行う従業員にも労働基準法、最低賃金法、労働安全衛生法、労災保険法などの労働関係法令が適用されることになる。実務の運用としては、厚生労働省により出された「テレワークガイドライン」（情報通信技術を利用した事業場外勤務の適切な導入及び実施のためのガイドライン）に沿って実施していくことになる。

政府は、テレワーク導入企業に対して「時間外労働等改善助成金」（テレワークコース）との名称で雇用助成金を支給しているので活用されると良い。

テレワークには簡単に次のようなメリットが考えられる。

（従業員）

1. 通勤時間の短縮
2. 仕事と家庭（育児、介護など）の両立

（企業）

1. 業務効率化による生産性向上
2. 結婚、育児、介護などの理由による離職防止

3. 遠隔地の優秀な人材確保
4. オフィスコストの削減

反対に、セキュリティ、勤怠管理、長時間労働、費用の負担などの問題が生起してくることが予想されるが、テレワークという新しい働き方の「影」を見るのではなく、「光」を見つめていきたい。人間性善説を前提にした運用ルールを作ったり、機器やアプリの導入によってテレワークというルビコン川をいち早く渡りきることで、読者には採用戦線で勝ち戦を収めてもらいたいものである。

第77話　ワケーションを導入する

何を隠そう筆者がハーフリタイアメントしてからの働き方として密かに憧れ計画しているのが、ワケーションである。ワケーションとは、「ワーク」（仕事）と「バケーション」（休暇）を合わせた造語であって、テレワークとの違いは、働く場所の特定をなくすことが大きなポイントとなってくる。決められた一定の場所で働く農耕民族的働き方から、まさにノマドとも言うべき遊牧民族的働き方へのパラダイムシフトである。

米国発の概念「ワケーション」であるため、海外では、カーシェアリングのUber、IBM、Yahooなどが先行しているが、国内では、日本航空株式会社などがパイロットや客室乗務員以外の従業員を対象にして実施している。リゾート地などの旅先にあっても始業・終業時に電話が共有できれば出勤扱いされ、希望すれば電話会議にも参加できる制度としている。

インドネシアのバリ、タイのチェンマイ、長野県軽井沢町、和歌山県白浜町、徳島県美馬市などがワケーションの拠点として注目されつつある。早速筆者も日本三古湯として名高い白浜温泉がある和歌山県白浜町に視察に出向いてみた。白い砂浜、青い海の白良浜を高台から見下ろす白浜町のＩＴビジネスオフィスには米国ソフトウェア大手の日本法人の株式会社セールスフォース・ドットコム、ＮＥＣソリューションイノベータ株式会社など10社が入居し満室状態である。ワケーションの拠点開発が地方への企業誘致の役割も果たしていることもあって、平草原公園内に現在2号館を建設中と活況を呈している。

毎日をリゾート地で過ごして、昼は青い海を眺め、夜は温泉に浸かって仕事ができれば、生産性が向上しないわけがない。しかし、テレワークがやっと緒についたばかりのこの国で、一足飛びにワケーションという選択はハードルが高いかも知れない。ワケーション立地の調査研究や運用するワークルールづくりなど準備期間が必要だと思われる。しかし、ワケーションこそがワーク・ライフ・バランスの実現、地方の優秀な人材確保、交通費などの経費削減、生産性の向上ひいては採用力のアップに寄与することはどうも間違いなさそうである。

第78話　副業・兼業を認める

最近になって、副業や兼業に与するか否かという議論が活発になされるようになってきた。この動きは、２０１８年1月に厚生労働省が副業・兼業について、企業や従業員が現行の法令のもとでどういう事項に留意すべきかをまとめた「副業・兼業の促進に関するガイドライン」を発表したことを指している。同時に「モデル就業規則」を改定し、従業員の遵守事項としての「許可なく他の会社などの業務に従事しないこと」という規定を削除したうえで、新たに「勤務時間外において、他の会社などの業務に従事できる」と副業・兼業を容認する規定を盛り込むなど、副業・兼業を「原則禁止」から「原則容認」に転換したことがきっかけとなっている。

副業・兼業で先行するのは、サイボウズ株式会社、ヤフー株式会社、ソフトバンク株式会社、株式会社ディー・エヌ・エーなどネット企業が中心となっている。こうした企業は、従業員を副業・兼業により社内外で活動させることで情報や人脈を集めてビジネスチャンスの拡大を図り、オープンイノベーションの創出を目論むなど、どこまでもアグレッシブである。24時間、365日、全身全霊を企業に捧げることが求められた昭和人間からすると目から鱗の話であるが、働き方改革関連法の登場だけでなく、副業を簡単に探せる「クラウドソーシング」や個人のアイデアに資金が集まる「クラウドファンディング」などのサービスの台頭が、この流れを加速させている。

懸念される問題としては、職務専念義務、利益相反、情報漏洩、長時間労働、時間外計算、社会保険料の負担、闇副業などが考えられるので、ワークルールの整備などが喫緊の課題となってくる。むしろ、お金と自由を求める現代の若者を副業・兼業解禁により採用活動で取り込むポジティブ発想が求められる。

「女性・若者が活躍しやすい環境整備」

第79話　セクハラをなくす

セクハラ法は存在しないので、「男女雇用機会均等法」がこの代わりの役割を果たしている。この法律は１９８６年に法施行されたので、既に30年以上の歴史を積み重ねていることになる。企業が、募集・採用・昇給・昇進・教育訓練・定年・退職・解雇などで、性別を理由にした差別を禁止することを定めている。この法律によって、看護婦が看護師に、ステュアーデスが客室乗務員へと名称変更されたことは有名な話である。セクハラは、男性も女性も加害者にも被害者にもなりうる問題であって、異性に対するものだけではなく、同性に対するものも該当する。経営者が講ずべき措置の内容については「セクハラ指針」によって定められている。

セクハラには、「対価型」と「環境型」の2種類が存在する。対価型の典型例としては、経営者が従業員に対して性的な関係を要求したが拒否されたため解雇するなどといった例が挙げられる。環境型の典型例としては、上司が従業員の身体を度々触るので従業員が苦痛に感じてモチベーションが低下していることなどが挙げられる。

筆者も永年にわたって労務相談をお受けしてきたが、概してセクハラの加害者となるのが、男性経営者であったり、企業にとって金看板とも言うべき仕事のできる男性管理職であったりするから始末に悪い。当事者のヒアリング、厳正な懲戒処分、セクハラ研修の実施、セクハラ相談窓口の設置、就業規則など、ワークルールの整備などが焦眉の急となってくる。ＳＮＳなどでセクハラの実態などが流布されると、採用活動どころではなくなってくる。採用活動を考えた場合、ことセクハラに関しては攻めるより守るが一番と言える。

第80話　パワハラをなくす

職場のトラブルでパワハラが急増している。厚生労働省が「２０１７年度個別労働紛争解決制度の施行状況」を公表したが、総合労働相談は１１０万４、７５８件と10年連続１００万件超、民事上の個別労働紛争相談件数は25万３、００５件、このうち「いじめ・

嫌がらせ」が7万2，067件と6年連続トップとなっている。「いじめ・嫌がらせ」とは、言葉を言い換えると「パワハラ」のことである。

パワハラ法は存在しないので、厚生労働省ではパワハラの定義を「同じ職場で働く者に対して、職務上の地位や人間関係などの職場内での優位性を背景に、業務の適正な範囲を超えて、精神的・身体的苦痛を与えるまたは職場環境を悪化させる行為」としたうえで、上司から部下に対するものに限られず、職務上の地位や人間関係といった「職場内での優位性を背景にする行為」が該当すること、並びに業務上必要な指示や注意・指導が行われている場合には該当せず、「業務の適正な範囲」を超える行為が該当することを明確にしている。

パワハラの典型的な６類型を次に挙げておく。

1. 身体的な攻撃
   暴行・傷害
2. 精神的な攻撃
   脅迫・名誉棄損・侮辱・ひどい暴言
3. 人間関係からの切り離し

4. 隔離・仲間外し・無視

5. 過大な要求
業務上明らかに不要なことや遂行不可能なことの強制・仕事の妨害

6. 過小な要求
業務上の合理性なく、能力や経験とかけ離れた程度の低い仕事を命じることや仕事を与えないこと

7. 個の侵害
私的なことに過度に立ち入ること

パワハラに対する誤解が、世の経営者・管理職をして従業員を甘やかし、この国の競争力を阻害していると断言できる。「組織はパワー」との言葉が筆者の持論でもあるので、パワハラについて正しく理解したうえで、自信を持って従業員を指導・注意してもらいたいのである。そのためには、予めパワハラ相談窓口の設置、就業規則の整備、パワハラ研修の実施などの企業努力が欠かせないものとなってくる。この努力の積み重ねが企業の採用力となってくるのである。

第81話　マタハラをなくす

女性の活躍が叫ばれる中、マタハラという言葉が登場してきた。男女雇用機会均等法は１９８６年に法施行されたが、２０１７年の改正ではマタハラ禁止規定が新しく追加され、法第９条では、婚姻、妊娠、出産などを理由とする不利益取り扱いの禁止等を新しく規定することになったのである。内容としては、女性の結婚・妊娠・出産退職制、女性の結婚を理由とする解雇、女性の妊娠、出産等厚生労働省令で定める事由を理由とする解雇、その他不利益取り扱いを禁止している。また、女性を妊娠中または産後1年以内に解雇することは、経営者が妊娠などを理由とする解雇でないことを証明しない限り無効とされている。

妊娠・出産等を理由とする不利益取り扱いの例を挙げておく。

1. 解雇すること
2. 期間を定めて雇用される者について、契約の更新をしないこと

3. 予め契約の更新回数の上限が明示されている場合に、当該回数を引き下げること
4. 退職または正社員をパート社員等の非正規社員とするような労働契約内容の変更の強要を行うこと
5. 降格させること
6. 就業環境を害すること
7. 不利益な自宅待機を命ずること
8. 減給をし、または賞与等に於いて不利益な算定を行うこと
9. 昇進・昇格の人事考課において不利益な評価を行うこと

女性の結婚、妊娠、出産、育児、介護といったライフステージの変化を企業としてどのように応援していくのかという、ワークライフバランスに対する取り組み姿勢が採用市場でも問われる時代となったのである。マタニティに対しては、ハラスメントではなく、インセンティブを政策として打ち出し、温かく包む太陽政策でもって応援していきたいものである。マタハラ相談窓口の設置、就業規則の整備、マタハラ研修の実施などは当然のこととして、マタニティをプラスで考えるかマイナスで考えるかは女性を味方にするか敵に

回すかとの選択と同義になると覚悟されたい。当然、採用市場においてもダブルで増幅するので、その差は大きいのである。

第82話　女性を活用する

安倍首相は、「２０２０年までに指導的地位を占める女性の割合を30％程度に引き上げる目標」を掲げ、２０１６年には３０１人以上の企業を対象とした「女性活躍推進法」をスタートさせている。「女性活用」など何年も前から言い古されて手垢にまみれたキャッチであるが、２０１６年10月から始まった社会保険適用拡大を乗り越えて伸びを見せる女性就業者数と違って、ほとんど前に進んでいない。最近では、女性の活用が草食系男子の増加、少子高齢化、ひいては人手不足とさらなる負のスパイラルにつながるといったマイナス面も指摘されており、とてもデリケートな問題となっている。

１０１人以上３００人以下の中小企業にも女性活躍推進法の適用が検討されているが、当面は女性従業員の数を増やすことだけをまっすぐに考えて、これを愚直に実践してほしい。女性従業員が1人だけより2人、3人いる職場なら定着率も高まる。女性従業員の多い職場には自然と男性従業員も集まってくる。消費者目線での知恵も集まってくる。最近では、3K職場での活躍も目立つほどになってきた。

ところで、女性が生涯で出産する子供の数について、面白い統計記事を見つけた。少し古いが、雑誌「日経ビジネス」（2015・4・3号）によると、大企業で働く女性よりも中小企業で働く女性のほうが子供の数が多いのである。事務職で働く女性よりも介護や建設現場で働く女性のほうが子供の数が多いのである。この現象は想像するに、大家族主義の考え方で相互に助け合って融通し合う企業風土が出来上がっているからであろう。強力なワンマン社長のもと、積極的に女性を採用し、子育てなどをサポートする中小企業は、微笑ましく輝やいている。

大企業ともなれば、既に女性社員が多数存在するはずなので、次の段階として、女性管理職を増やすことを目標にしてもらいたい。それも数合わせで女性管理職を事務的に増やすのではなく、女性従業員が管理職になりたいという風土づくりや仕掛けが重要となってくる。上昇志向の強い女性をグループ・組織化して引っ張っていく努力があっても良いのではないか。そして、女性従業員の仕事と生活の両立を支援する「ワーク・ライフ・バランス」、多様性を活用する「ダイバーシティ」、女性の活躍を推進する「ポジティブアクション」などを推進するのである。女性活用を切り口に、リクルート市場で他社に買い負けることなく、優秀な従業員の入社が相次ぐ好循環企業となってもらいたいものである。

第83話　初任給をアップする

長年、20万円前後と安定していた大卒初任給が急騰している。これは、厚生労働省が発表する賃金構造基本統計調査などから読み取れる事実である。三井物産株式会社、伊藤忠商事株式会社などの総合商社が２０１６年４月入社の大卒総合職の初任給を20万５千円から24万円と三菱商事株式会社と同額にすべく一挙に２割弱引き上げたところ三菱商事が25万５千円とするなど、このところの初任給競争はイタチゴッコの様相を呈している。

株式会社日本経済新聞が発表した２０１８年初任給ランキングを、１位から10位まで掲載しておく。

順位	社名	初任給金額	業種
1位	フィル・カンパニー	400,000円	建設・不動産
2位	PwC Japan	350,000円	情報・通信
3位	アビームコンサルティング	340,300円	情報・通信
4位	北の達人コーポレーション	340,000円	食品・アグリ
5位	セプテーニ・ホールディングス	336,350円	生活サービス
6位	フューチャー	320,000円	情報・通信
7位	グリーンランドリゾート	300,700円	生活サービス
8位	明和地所	300,000円	建設不動産
8位	楽天	300,000円	情報・通信
8位	ミクシイ	300,000円	生活サービス
8位	オープンハウス	300,000円	建設・不動産

内容を詳細に見ると、ベストテンに入った企業のなかには、月間40~50時間程度の固定残業手当込みのところが散見されるので、この金額を額面どおりに受け取ることはできな

い。しかしながら、高給との定評があるマスコミ、商社、薬品、ゼネコンなどは24万円～25万円、メーカーなどでも22万円前後が通り相場となってきていることも事実であって、企業としては初任給に対する従来の固定概念をブレークスルーすることが求められている。

それぞれの企業において、初任給が急騰したこともあって、新入社員の初任給が２年目以降の社員を上回る逆転現象が問題となっている。若手社員の賃金を調整するなど一定の配慮を行うことで、新規学卒者の採用強化と若手社員の離職防止を図っていきたい。

第84話　30歳まで新卒採用扱いする

新卒採用で年齢制限を緩和する動きが広がっている。「30歳まで新卒採用」という取り組みが大潮流になりつつある。学生が優位に立つ売り手市場が続き、大手企業であっても思うように新卒採用ができなくなってきたことが理由である。

「30歳まで新卒採用」のパイオニアとなったリクルートホールディングス株式会社をはじめ、株式会社東急エージェンシー、ソフトバンク株式会社、ヤフー株式会社、損害保険ジャパン日本興亜株式会社などでは、これまで概ね大学卒業後3年未満などとしていた新卒採用の応募資格を満30歳位まで引き上げる。大手企業は、リーマンショック後は景気の後退によって、新卒、第2新卒ともに採用を手控えていたので、その反動が一気に顕在化した模様である。

確かに、新卒採用や第2新卒の採用を大学卒業後3年未満や5年未満に制限する一方で、中途採用の求人枠を30歳以上などと定めていた日本企業の旧来型採用スキームでは、20代後半を迎えた若者の受け皿が存在しないことになってしまう。ご存じのとおり、20代後半の若者は、留学、留年や起業の経験を積んでいたり、異業種での経験を積んでいるなど、社会人としてのマナーも身に着いていて即戦力となる優秀な層が多く、採用対象として人気が高いのである。

浪人することなく現役18歳で大学入学し、留年もせず22歳で大学卒業した者だけが新卒採用の対象、一度人生で道を外れた人は参加資格がないといった消去法で若者を捉えてきた狭い固定観念が曲がり角を迎えていると言わざるを得ない。しなやかな発想を持ち、若者と同じ目線で向き合って採用活動を行うことがキーポイントになってきた。

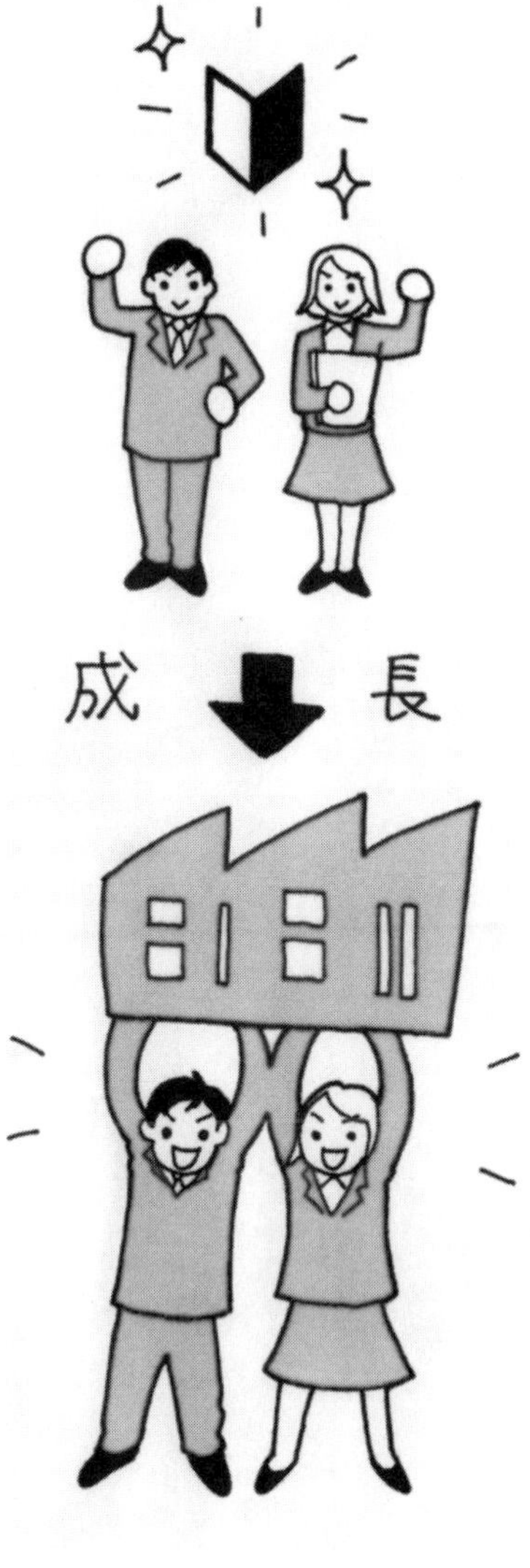
成
長

「高齢者の就業促進」

第85話　高齢者を活用する

我が国の少子高齢化に伴う年金財政の悪化と団塊の世代（昭和22年生まれ〜24年生まれ）の大量退職問題に対処するために60歳〜65歳の継続雇用を促す改正高年齢者雇用安定法が施行された。この団塊の世代が今や65歳以上どころか70歳前後の立派な高齢者となり、ついに労働市場から引退しつつある。因みに、高齢者の定義は、国連では60歳以上、WHOでは65歳以上の人を指すらしい。

一部の団塊の世代が持つ行儀の悪さには閉口するものがあるが、反対に、わずか3年間で800万人以上がひしめき合う大競争を生き抜いてきた彼らの精神的・肉体的な強さは称賛に値すると思う。とてもじゃないが、今の現役世代の比ではない。そんなこともあって、建設や運輸の現場では、まだまだ彼らが第一線で金看板を務めている。それればかりか、大企業でさえ、昨今の人手不足ゆえ、一旦退職した彼らの再雇用に奔走し始めた始末である。

ご存じのように、在職老齢年金という仕組みがあって、60歳以上65歳未満の方は、賃金（注１）と年金月額（注２）の合計が28万円以下であれば、老齢厚生年金は全額支給されるが、28万円を超える場合、所定の計算方法により支給停止の対象となる。対して、65歳以後の方は、賃金と年金月額の合計が46万円以下であれば、老齢厚生年金は全額支給されるが、46万円を超える場合、46万円を超えた２分の１が支給停止となる仕組みとなっている。

このため、概ね新入社員程度の賃金で高齢者が年金を貰いながら働くスキームを設計することで、団塊の世代８００万人を人手不足解消の救世主として取り込む努力をしてみるべきである。自分より年上の者を雇いたくないとの声も聞くが、それでは、まだまだ青い経営者と言わざるを得ない。何年か後には、我が国のありとあらゆる産業で外国人労働者が活躍する日が来ると確信するものであるが、その日が来るまでは高齢者万歳で良いではないか。

60歳以降、そして65歳以降の制度設計や個別のシミュレーションは、専門家である身近な社会保険労務士に相談されるとスムーズである。

注1．賃金とは、総報酬月額相当額のことで、毎月の賃金とその月以前1年間の賞与の総額の12分の1を合わせた額。
注2．年金月額には、加給年金額、経過的加算額は含まない。

第86話　高齢者を第一線で活躍させる

団塊の世代がゆるやかな引退過程にあるのに対して、改正高年齢者雇用安定法によって65歳までの雇用が義務づけられたり、大量採用に沸いたバブル世代が2025年以降次々と60歳を迎えるなど、これから我が国の労働市場はシニア世代や高齢者で溢れ返ることが見込まれている。

高齢者の雇用となれば、その役割として後継者育成や技能伝承がプロトタイプとして思い浮かぶが、高いモチベーションを維持しながら働いていただくためには、第一線で活躍いただくことを含めて幅広く考えていく必要がある。そのためには、高齢者が仕事に対して持つ一般的な傾向について予め理解しておきたい。

1. 後継者育成や技能伝承は、自身の立場を失いかねないので消極的
2. 仕事に計画、作業手順、ワークルールなど秩序を求める
3. 将来の先行投資のためではなく、現在の満足のために働く
4. これまで築いてきた人間関係をベースに仕事をしたい
5. お金よりも仕事の楽しさややりがいを求める
6. 年齢差の大きい若い上司には劣等感を持つ

1の後継者育成、技能伝承については、これが終了すればリストラされると思い込んでいるので、他の業務のついでにさせるのではなく、それ自体を任務として取り組ませたうえで評価していく必要がある。しかも、この重要な任務終了後のポストを予め明示しておかないと、誰も動かないと言い切れる。

2．3．の仕事の秩序、並びに将来より現在といった問題などについては、新規事業の立ち上げなど不確実性がつきまとう非定型業務より経験知を活かして現在の満足感が得られる既存の定型業務がふさわしいと言える。

4．5．のお金よりも仕事の楽しさややりがい、並びにこれまでの人間関係を活かせる仕事という点では、営業職なら、新規客の開拓よりも既存客を対象とするルート営業が向

いていると言える。

6．の上司との年齢差については、年齢差を縮めるに越したことはないが、物理的に無理なようであれば、不要な気遣いをなくすことで劣等感を取り除いてあげたい。

このように、高齢者を第一線で活躍させることも人手不足解消に向けて強力な処方箋のひとつとなってくる。

第87話　高齢者の待遇改善を行う

終身雇用、年功序列、企業別組合に代表される日本型雇用システムは、その視点を賃金に合わせると、長期後払い型システムを採用することで機能していたものと説明できる。20代、30代の若い時は働きに比べて賃金は少なく、40代、50代の中高年となって仕事のパフォーマンスが落ちる頃に収穫期を迎えて、働きよりも賃金が多くなって全体の帳尻が合うとの設計である。定年まで勤め上げる従業員が多かったことも理にかなっていたのである。

日本型雇用システムが崩壊した現在にあっては、40代半ばにさしかかると賃金は高原状態となり、50代半ばを迎えると役職定年などで半額程度、60歳で再度半額程度とまさにつるべ落とし、あらゆるしわ寄せが中高齢の従業員へと向かい、酷過ぎる状態と言える。

２０１３年の改正高年齢者雇用安定法施行によって、企業は働きたいと手を挙げた従業員を65歳まで雇用することになったが、圧倒的多数は、嘱託等の名称で賃金が定年前の半額程度に下がる再雇用である。２０２５年までには、厚生年金の支給開始年齢が男性では65歳に引き上げられることもあって、従業員にとっては60歳～65歳までの間の収入確保が焦眉の急となってくる。今後尚一層この国に襲いかかる人手不足問題を理解し、中高年従業員の雇用維持を考える企業は待遇改善に動き始めている。明治安田生命保険相互会社、株式会社オカムラ、本田技研工業株式会社では、それぞれ定年延長などと組み合わせた施策を採用して、60歳後の賃金を60歳前の70％～80％水準へと高めている。

大和証券株式会社などのように、営業職を対象に定年制度を撤廃する動きも出始めた。ご存じのように、アメリカ、カナダやＥＵ諸国では雇用の分野で年齢差別禁止法が施行されていて、特殊な職業を除いて原則定年制度がないことで有名である。我が国も65歳以上の継続雇用の引き上げなどの取り組みをスタートさせたが、そのうちアメリカなどに倣って定年制度撤廃となることが予見できる。

いずれにしても、高齢者の待遇改善を行うことで、雇用維持を図るとともに、現役時代に比肩するモチベーションやスキルを引き出し、高いパフォーマンスを獲得できる職場環境を構築できる企業こそが人手不足にも困らない企業に成り得るのではないか。

第88話　ブーメラン採用を行う

このところ、一旦退職したOBやOGを「ブーメラン採用」で元の職場に呼び戻す「出戻り社員」が話題となっている。団塊の世代が既に65歳を超えて労働市場から引退過程にあるなど、急激に進む人手不足が原因となっていることは申し上げるまでもない。

一般の中途採用者の場合、採用から育成まで種々のコストがかかるのに対して、OB、OGのブーメラン採用であれば、こうしたコストもかからずに即戦力として使える。予め、人となりがわかっていて安心なうえに企業風土や職場環境に馴染むのも早いので、企業にとってはメリットが多いと言える。反対に、出戻り社員を受け止める人事制度や賃金制度などが整備できていない企業にあっては、既存社員との賃金など処遇面でどのようにバランスを図っていくかなどの課題が横たわる。

政府　厚生労働省は２０１８年４月に、自社から退職した者など社内・社外双方の経験を有している人材を積極的に評価し、再入社を可能とする制度を検討することを求める「年齢にかかわりない転職・再就職者の受入れ促進のための指針」を策定し、これに沿った取り組みを求める要請書を一般社団法人日本経済団体連合会並びに公益社団法人経済同友会に提出した。

これらを受けて、パナソニック株式会社や住友ゴム工業株式会社など大企業を中心に、退職してから一定期間内の従業員を再雇用する動きが進んでいるほか、震災復興や２０２０年東京オリンピック・パラリンピック開催などに向けて沸き立つスーパーゼネコンなどでは、定年退職者などを個別に呼び戻す再雇用が盛んに行われている。

ブーメラン採用による出戻り社員の活用は、即効性のある人手不足解決策であるが、馴れ合いなどに陥りやすいのでルーズなことにならないように、また、不公平感を排除できるように、予めの制度設計が重要になってくるのである。

「病気の治療、育児、介護と仕事の両立」

第89話　病気の予防に取り組む

病気になる前の予防として真っ先に思い浮かぶのが、健康診断ではなかろうか。法律では、雇い入れ時に加えて、年に1回の定期健康診断などを企業に義務づけている。しかしながら、中小企業などでは定期健康診断でさえおぼつかないところがまだまだ散見されるといったお寒い状況にある。これはもう法令遵守云々ではなく、それ以前の問題として企業と従業員の双方を守る手立てであると捉えてほしいのである。なぜかと言えば、雇い入れ時の健康診断に関しては、健康上入社させてはいけない者を水際で防げることはもちろんのこと、入社してから自身の病気が労災だと騒がれた場合であっても、入社前からの持病なのか、それとも入社後の労災なのかを峻別しやすいからである。定期健康診断に関しては、長時間労働が健康に及ぼす影響が取沙汰されるなかで、従業員の健康管理の重要性が従前に比して増しているためである。

こうした時代の変化を鑑みて、政府　厚生労働省は健康診断に関して積極的な取り組みを行う企業に対して雇用助成金を支給している。正社員などを対象とした「人材確保等支援助成金　雇用管理制度助成コース」、有期契約労働者などを対象とした「キャリアアップ助成金　健康診断制度コース」である。そのいずれもが、法定の健康診断に加えてトッピングで法定外の健康診断を導入実施することなどが要件となっている。法定外の健康診断としては、次のような内容が考えられる。大腸がん検診や歯周病検診などは、年齢や男女を問わず従業員全体を対象とすることが容易であり、一人当たりの受診費用も定額なので特にお薦めしたい項目である。

1. 胃がん検診
2. 子宮がん検診
3. 肺がん検診
4. 乳がん検診
5. 大腸がん検診
6. 歯周病検診
7. 骨そしょう症検診

8．腰痛健康診断
このように、法定の健康診断に加えて法定外の健康診断を実施することで病気になる前の予防など従業員の健康意識を高めることができ、結果的には従業員の安心と定着を見ることになるだろう。

第90話　育児・介護休業制度を周知する

育児休業法が1991年に、続いて介護休業法が1992年に成立し、その後、育児・介護休業法として1999年4月から法施行されている。法律の施行から約20年が経過して、育児休業制度は女性に関してはその利用が普及してきたと言えそうだが、男性のイクメンに関してはまだまだこれからという気がする。介護休業制度は団塊の世代の介護を目前にしているにもかかわらず、その利用はおろか内容の周知が充分にされているとは言い難い状況にある。93日間の介護休業は、自身が両親などを介護するためではなく、要介護・要支援の認定を受けたり、適切な介護施設を探して契約するなど手続きのために存在する休業期間であることを切に訴えたいのである。

この育児・介護休業法が2017年10月に改正施行となり、育児休業に関しては、保育園に入れないなど理由がある場合の育児休業が子が最長2歳になるまで取得可能となるなど前進し、介護休業に関しては、3回を上限とした分割取得や半日単位の取得が可能になったりするなど両立支援に向けて制度が拡充された。育児・介護休業法を企業が推進していくことで、仕事と家庭の両立支援を望む従業員にとって居心地の良い職場づくりが図られるので、政府　厚生労働省は「両立支援等助成金」との名称で次のように多彩な雇用助成金を支給している。

1．出生時両立支援コース
男性が子の出生後8週間以内に連続14日（中小企業は連続5日以上）の育児休業を取得した場合に支給

2．介護離職防止支援コース
仕事と介護を両立するための職場環境整備の取組みを行い「介護支援プラン」を作成、介護休業の取得・職場復帰の取組みをした場合等に支給

3．再雇用者評価処遇コース

妊娠、出産、育児または介護を理由として退職した者が、復職、評価、配置・処遇される再雇用制度を導入し、希望者を採用した場合に支給

4. 育児休業等支援コース
「育休復帰支援プラン」を作成し、プランに沿って育児休業を取得、職場復帰させた場合などに支給

5. 女性活躍加速化コース
女性活躍推進法に基づき、自社の女性の活躍に関する「数値目標」、数値目標達成に向けた「取組目標」を盛り込んだ「行動計画」を策定して目標を達成した場合などに支給

このような、育児・介護休業法をアゲンストの風と読むか、それともフォローの風と読むのかで企業の盛衰はもちろん、人手不足解消の成否が分かれると言っても決して過言ではないと思う。両立支援助成金を活用して筋肉質の企業へと生まれ変わってほしいものである。

第91話　保育所、託児所、学習塾を設置する

大阪には「ストリートファイターⅡ」などの家庭用ビデオゲームで世界的に高名な株式会社カプコンの本社がある。筆者の事務所の窓からは、双頭のごとく聳え立つツインタワーの本社ビルが良く見えるので親近感を感じている。２０１７年の年末に大阪商工会議所の主催でこの会社の代表取締役会長ＣＥＯの辻本憲三氏の講演が開催されると聞き、早速足を運んでみた。

予想どおり会場は満席で、講演が始まると会社のプロモーションビデオが流されることしきり、辻本氏の話など全く聴けず終いで約1時間の持ち時間がとうとう後10分位で終了と聴者一同が辟易し始めた頃になって珠玉の講演10分が始まったのである。アメリカはサンフランシスコ、ナパバレーでのワイン事業に趣味ではなく本気で取り組んでいるとの話に始まって、ロサンゼルス、ハリウッドでの映画自主製作の話などで盛り上げた後、本題に入った。その概要は次のとおりである。

1．今の本社は土一升、金一升と地価が高いので、今後3交代で24時間稼働させる

2．当然、従業員数は3倍になるので、近辺のワンルームを全て借り上げて住まわせる
3．従業員の子弟が親と同程度の学歴、職歴を築けるように、本社の近くでビルを取得し、学習塾をスタートさせた
4．学習塾としての利用だけでは勿体ないので、2回転させるべく昼間は従業員の子弟を預かる託児所として運営する

わずか10分程度の本人からの講演ではあったが、筆者にとっては目から鱗が落ちると言うべき内容の連続であり、ブラボー、ブラボーであった。講演会の翌日に学習塾兼託児所の入ったビルを視察に出向いたことは申し上げるまでもない。

今回紹介させていただいた株式会社カプコンの従業員・家族の生活を丸抱えする労務政策については賛否もあろうかと思うが、受動的に仕事と家庭の両立を希望する従業員、もっと言えばぶら下がり志向の従業員にとっては、最善の職場と言えるのではないか。中小企業がこの全てを模倣するのは無理があるとしても、部分的にでも取り入れて、人手不足解消の糸口にしていただきたいものである。

第92話　育休中の従業員を支える

社内に育休中の従業員がいると、経営者はとかく心配なものである。無事に出産したのか、母子ともに健康なのか、無事にスクスク育っているのか、身近に育児の手助けをしてくれる人はいるのか、託児所は見つかったのか、そして最後に、果たして職場復帰してもらえるのか等々気になって仕方がないのである。中小企業では、そもそも論として育休取得すること自体をはじめ、育休中や職場復帰する従業員を理解し支える体制が不充分であったりすることなどが原因で、残念な結果に終わることもしばしばなのである。

毎々筆者の事務所など身内の話が多くて恐縮するが、現在育休中の従業員が存在する。エネルギッシュで仕事をテキパキこなす女性でもあり、何があっても職場復帰していただきたいと思っている。そのためには、職場を挙げて彼女の育休を支えなければならない。２０１８年８月に電話連絡すると無事に出産したことを知り、出産祝いを贈らせていただいた。出産祝い金だけでなく出産セットなどを贈る企業もあると聞く。毎月顧客向けの事務所だよりを発行したり、所内会議をしているので、その事務所だよりや会議の議事録などをこれから毎月送らせていただく予定である。良くできた企業などは、毎日メールや社内サイトでコミュニケーションを取り続けたり、スキルアップ教材を希望者に送るなどして育休中の従業員を支える手法を採用している。

育休中の従業員とは、毎日顔を合わせることがなくなってしまうこともあって、出産後は自然と興味の対象やロイヤリティが職場から子供に移ってしまう。そこで、職場ぐるみでコミュニケーションを取り続けることで、仕事に対するモチベーション維持を支えていく必要が生じるのである。そうした小さな努力、「薄皮1枚、薄皮1枚の積み重ね」こそが育休中の従業員の離職防止だけでなく、仕事と家庭の両立を求める女性の採用に大きく寄与することにつながっていくと信じるものである。

第93話　子育て中の従業員を支える

育児休業など仕事と家庭の両立支援がいくらか浸透したこともあって、女性の就労が増えている。このところ、30代や40代の女性の労働力割合が極端に落ち込む「M字型カーブ」が改善され欧米型に近づいているのである。人生の盛りの年代で、家庭だけでなく仕事でも活躍できる女性が増えてくることは大いに歓迎すべきことではないか。

文部科学省の２０１６年調査データによると幼稚園から高校３年までの15年間、全て公立で通った場合の教育費が平均で５２３万円、全て私立で通った場合の教育費が平均で１，７７０万円であるとのこと。さらに私立大学に進学すれば２，０００万円超えは必至である。

こうした子育て中の従業員を応援するために、労働基準法第37条第５項及び労働基準法施行規則第21条には、残業手当など割増賃金の基礎となる賃金に算入する必要のない賃金として、「子女教育手当」が位置づけられている。筆者の狭い見聞の範囲では、現在のところ、この子女教育手当を活用している企業は極めて少ないものと判断せざるを得ないので、企業、従業員双方ＷＩＮになれるこの手当の利用が強く望まれるところである。

これ以外にも、子弟の小学校、中学校、高等学校、大学と各段階で入学祝い金を贈る企業、子連れでも会議やイベントに参加できる企業、子供による両親の職場参観など涙ぐましい工夫を凝らしている企業などを見つけることができる。

努力の形跡は、従業員本人だけでなく、きっと誰かが見てくれている。「働きやすい職場」が就職先選択のキーワードとなるなかで、子育て中のお母さんたちのなかで口コミであっという間に広がり、就職人気企業となるのが現実化していくのである。

第94話　シングルマザーを支える

シングルマザーなど仕事に制約が多い人材の採用を躊躇する企業が一般的である。子供が風邪を引いた、熱を出した、おなかが痛い、授業参観、家庭訪問などの理由で急に欠勤、遅刻、早退を繰り返すことが常で、仕事を任せられない人が一部に存在することが原因ではないかと考えられる。

その意味で、政府　厚生労働省は「特定求職者雇用開発助成金」との名称で、シングルマザーを就職困難者と位置づけて、彼女たちを雇用した企業には雇用助成金を支給しているのである。

ところが、このシングルマザーに対するアゲンストの風に立ち向かって人材採用に成功している企業がある。和倉温泉の旅館「加賀屋」を経営する株式会社加賀屋がそれである。

１９７７年より36年連続で「プロが選ぶ日本のホテル・旅館１００選」の総合部門１位に輝いている企業である。サービスの生命線と位置づけられる客室係にシングルマザーを多数抱える加賀屋は、ＣＳ（顧客満足）の向上にはＥＳ（従業員満足）の向上が不可欠だと考え、そのため、１９８６年には約４億円の資金を投じて保育園と母子寮を備えた８階建ての専用施設「カンガルーハウス」を設置し、女性従業員が子供を育てながら安心して働ける環境を整備している。１階の保育園では、幼児保育だけでなく小学生対象の学童保育も実施。保育士資格を持ったスタッフが親代わりとなって、早朝から深夜入浴、学習などの生活面はもちろん、母親と接する時間の少ない子供たちの精神面のフォローに努めている。

こうした、シングルマザーなどマイノリティとも言うべき人材に光を照らすことで人材の確保・定着に成功している例は枚挙にいとまがないのである。株式投資の世界では「人の行く裏に道あり花の山」との有名な格言が残されているが、人材確保・定着についても今尚充分通じる言葉であるとしみじみ噛みしめている次第である。

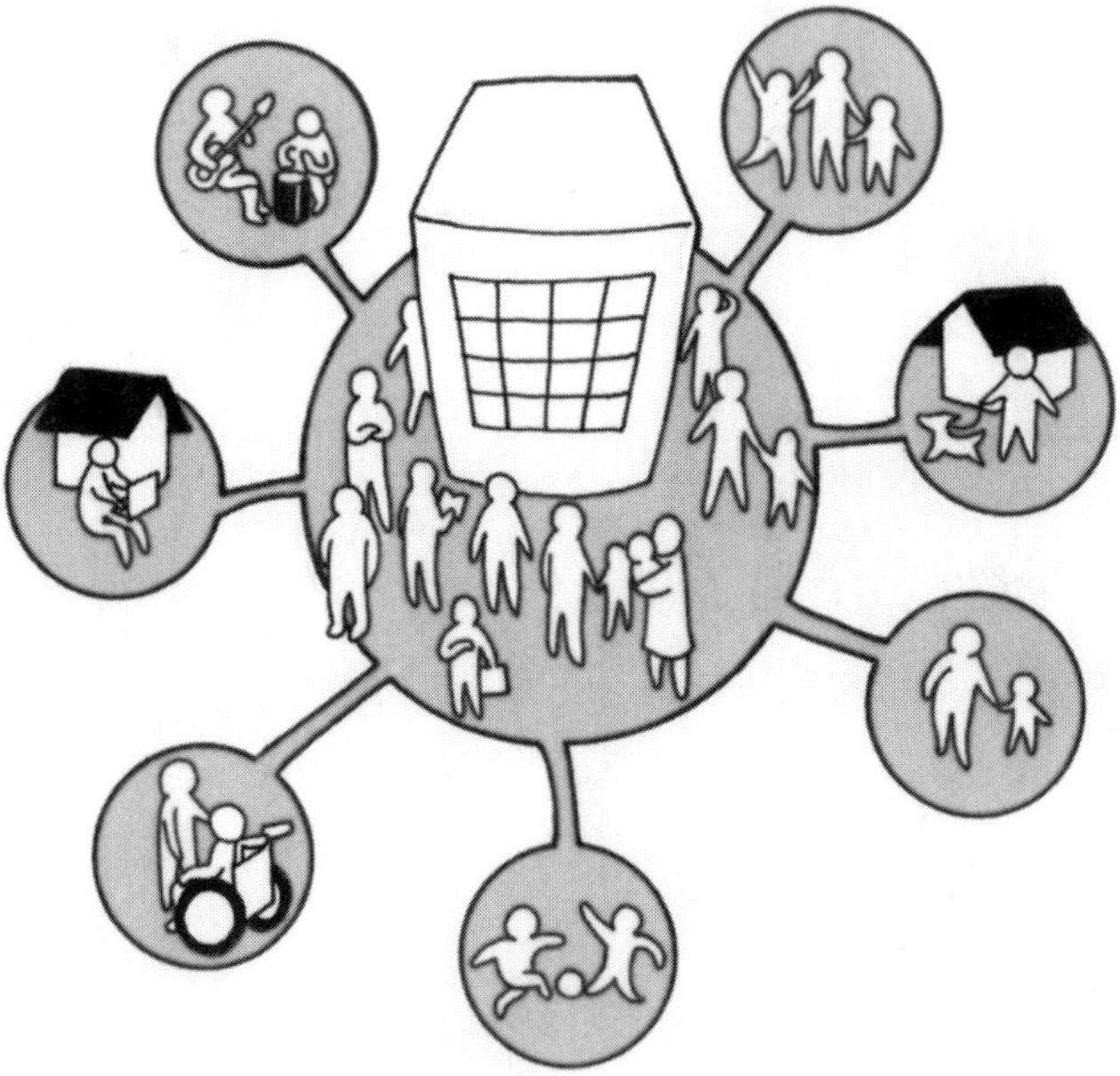

「外国人材の受け入れ問題」

第95話　海外に発信できる企業となる

もうかれこれ数年前の話になってしまうが、２０１４年秋に学生時代からのポン友、池田公生氏に誘われてイタリアに行ってみた。ミラノからレンタカーでピエモンテ州のバローロ、バルバレスコ、ロエロ、そしてアルバ村へと車を飛ばし、数多くのワイナリーを巡る貴重な機会をいただいたのである。イタリアはおろか、世界でもトップクラスのワインを生産するこの地区のワイナリー巡りを体験できるだけでも奇特な経験であるが、それだけでなく、アルバ村で毎年この時期開催されるトリュフ祭りを見学し、とりわけこの時期に芳醇な香りを放つ白トリュフやタルタル、タヤリンなどの美味しい料理を味わう僥倖に与った。ご存じのとおり、バローロはイタリアワインの王様で、バルバレスコは女王様の位置にあり、この地区のブドウ畑の美しい景観は世界遺産として登録されているのである。

訪問を許されたワイナリーは、すべからく家族経営＋αの規模で営む農家であった。農繁期には外国から何人かの季節労働者を雇い賄っているとの説明を受けた。この国イタリアには、ピエモンテのワイナリーだけでなく、パルマのハムや靴・バッグ、服飾雑貨など家族経営＋αの規模にかかわらず、世界に一つだけの花を地で行く個性的な企業が余りにも多いことに驚かされる。

現地で知り合ったジュリアーノをはじめワイナリーの経営者は、毎年冬の農閑期になると大阪に仲間を連れてやってくる。当然、仕事半分、遊び半分である。元来エネルギッシュでフレンドリーな連中なのである。先述したとおり、家族経営＋αの規模であるが見事に日本に、そして海外に自社商品を発信しているのである。大阪では池田氏らと共に彼らのアテンドをさせていただくのが習わしになっているが、それでも国内ワイン販売業者の営業攻勢の合間をぬってのことであり、それほど彼らは人気者なのである。

イタリア企業の話を縷々説明してしまったが、これを所詮海外企業の他人事とスルーしては何も身につかない。我が事として考え、行動を起こすことで、読者の企業も新しい時代の寵児として世の表に立てるわけで、そのように海外に発信できるだけの力量を備えた企業には自ずと人材が集まってくると信じている。史記に残されている「桃李もの言わざれども下自ずから蹊を成す」との格言、「成蹊」が昭和、平成の時を経た今も尚いぶし銀に光る。

第96話　英語力を高める

日本で働く外国人が、初めて１００万人を超えたのが２０１６年のことであった。厚生労働省が２０１７年10月末に発表した「外国人雇用状況」の届け出状況まとめによると、わずか1年後の２０１７年10月末には１２７万８千人と伸びに勢いがある。国籍別に見ると、最も多いのは、中国の約37万２千人で全体の約３割以上を占める。次いでベトナム（約24万人）、フィリピン（約14万７千人）、ブラジル（約11万７千人）、ネパール（約６万9千人）の順となっている。前年同期比の増減では、第1位の中国が８・０％増に対して、第2位のベトナムが39・７％増、第５位のネパールが31・０％増と、ベトナムとネパールの急伸振りが注目される。

急激な少子高齢化が進展するなかで、いかに仕事の自動化を推進したところで今日の明日に追いつくものではなく、実質この国の雇用は、身分に基づく在留資格者、資格外活動

（留学生）、専門的・技術的分野、技能実習生など外国人労働者頼みのスキームになりつつある。縄文時代、弥生時代に次ぐ民族大移動が始まったものと思わずにはいられない。

そこで、外国人労働者を迎えるための肝心の英語能力となれば、イー・エフ・エデュケーション・ファースト・ジャパンが２０１７年11月に発表した非英語圏各国の英語力レベルの世界ランキング「ＥＦ　ＥＰＩ２０１７ランキング」によると、日本は、昨年の35位よりランクを落として80カ国中37位とお寒い状況である。ベトナムの第34位や中国の第36位さえ下回っている有様なのである。辛口になるが、２０２０年東京オリンピック・パラリンピックを目前に控えて、これで「おもてなし」はないやろと叫ばずにはいられない。

が、英語公用語化を実践する企業がこの国にも存在する。楽天株式会社、株式会社ファーストリテイリング、アサヒビール株式会社、シャープ株式会社、三井不動産株式会社、株式会社三井住友銀行、三菱地所株式会社、三菱商事株式会社、株式会社日立製作所、日本電産株式会社など、さもありなんと言うべき大手企業のオンパレードである。しかし、ここで中小企業である我が社には関係ないと考えてはいけない。中小企業が英語を公用語化するから目を引くのである。中小企業が英語を研修するから衆目が集まるのである。バイリンガルの優秀な人材をはじめ多様性に満ちた外国人が集まってくるに違いない。

第97話　ムスリム対応する

今や16億人以上、世界人口の４分の1を超えているイスラム教徒（ムスリム）に注目が集まっている。ムスリムに関してはインバウンド需要の取り込みやハラルビジネスの展開なども考えられるが、ここでは、ムスリム対応を採ることでスムーズな人材確保を図ることを目標に考察していきたい。

マレーシアやインドネシアを中心とする東南アジアのムスリムは、現在のところ日本で働く外国人数のランキングではベスト8にも入っていないが、風向き次第では今後急増する可能性をはらんでいる。そうなるためのキーワードが「ハラル」である。ハラルとは、「合法的なもの」、「神に許されたもの」を意味するアラビア語であって、ムスリムにとっては提供される商品やサービスなどがハラルであるか否かが重要な意味を持つので、ムスリムを従業員として受け入れる際には、このハラルについて最大限配慮することが求められるのである。

楽天株式会社などでは、本社に礼拝専用部屋を設けている。食事は社員食堂にハラルメニューを提供しているだけでなく、一般メニューと調理、盛り付け、手袋、お皿などを別にするなど、きめの細かいムスリム対応を実施している。

ここで、ハラル（許されている）なもの、ハラム（禁じられている）なものについて、列挙させていただく。

1．ハラルなもの

・イスラム方式に従って屠畜・加工された動物の食肉とその派生物
・野菜
・果物
・魚
・卵
・牛乳

2．ハラムなもの

・イスラム方式に従って屠畜・加工されなかった動物の食肉とその派生物
・豚
・犬

・酒

宗教と食品化学の２つの面から、専門家がハラルであることを保証する制度が「ハラル認証」制度として存在している。このハラル認証を取得することを含めて、イスラム教徒とハラルへの理解を深めることでムスリム消費者やムスリム従業員に対する求心力を持つ企業へと変わっていけるのである。

第98話　外国人留学生を受け入れる

駿台予備校や河合塾とともに、３大予備校と謳われた「代々木ゼミナール」が２０１５年３月末日をもって全国27校のうち20校を閉鎖することになった。この凋落ぶりは、少子高齢化を原因に日本経済がシュリンクしていく姿を象徴するものとなった。こうした状況のなかで、気を吐く予備校が存在する。大阪難波にある学校法人エール学園が経営する「エール予備校」がそれである。早くから外国人留学生に着目し、留学生対象の日本語学校や専門学校の経営に取り組むことによって、賑わっているばかりか、インターンシップや留学生の就職実績で活躍著しい。

政府は、2016年6月に閣議決定された「ニッポン一億総活躍プラン」において、大学を卒業した外国人留学生の日本国内での就職率を現状の約3割から5割に向上させるため、ビザ審査の優遇措置や大学へのインターンシップ及びキャリア教育等に対する支援を強化する方針を打ち出した。文部科学省では、2017年より「留学生就職促進プログラム」を開始し、各大学が地域の自治体や産業界と連携してインターンシップやキャリア教育などを実施する全国12大学の取り組みを選定し支援するなど、外国人留学生の就職を促進する機運が高まっている。一方で、外国人留学生の最終的な受け皿となる国内企業は、外国人留学生の採用については、グローバル展開や海外拠点の中心的役割として期待を寄せている。

外国人留学生の内訳であるが、独立行政法人日本学生支援機構の調査によると、2017年5月1日現在で約267、042人在籍している。(前年比27、755人、11・6%増)この数字の伸びからすると、2013年に文部科学省などが打ち出した、2020年までに外国人留学生を倍増させるという「留学生30万人計画」があながち絵空事ではなくなってくるのである。人数的には、中国、ベトナム、ネパール、韓国、台湾の順となっており、卒業後の進路は、取り急ぎ居心地の良い日本に留まりたいとの意向が強く、入国管理局から許可され日本企業に就職する者が30％弱と、帰国して就職する者の15％程度に比して2倍もいる。注目されるのは、本国の両親は日本の企業名はほとんど知らないので、知名度の低い中小企業にとってもチャンスが多いということなのである。

座して待つのではなく、大学や専門学校に出向き、最初のモデルケース1名を作ることができればレールに乗る。そして、グローバルに明日の活路を切り拓いて行こうではないか。

第99話　外国人技能実習生を受け入れる

古い話で恐縮するが、2010年にインドネシアの首都ジャカルタを訪れた。目的は、日本に送り出す外国人技能実習生の訓練現場を視察するためである。ここでは、社会人としてのマナーや日本語など予想を上回る厳しいスパルタ教育が施されていたことに驚いた。

インドネシア政府には「労働移住省」が置かれ、文字どおり訓練した自国の青年たちを日本や韓国などに外国人技能実習生として送り込み明日の人材育成を図ると同時に、外貨を稼ぐことが国是となっているのである。続く２０１１年、２０１２年には中国山東省の威海、２０１８年にはベトナムのホーチミンなどを訪問したが、そこでもインドネシアと同様の光景に出くわすことになった。こうした事情から、流石に、日本の地方都市の工場現場などで彼らの元気な姿に出会うことが増えてきた。

そもそも、外国人技能実習制度とは、「外国人技能実習生受入制度に関する事業」として認可され、財団法人国際研修協力機構（ＪＩＴＣＯ）の支援のもと１９９３年から開始された国際貢献・協力事業である。中国、インドネシア、ベトナムなどの若者を受け入れ、職場で最長5年間にわたる実習期間を通して日本の優れた技術、技能、知識などを実習生に習得させることにより、帰国後、母国での産業振興に寄与できる優秀な人材の育成を目的としている。受け入れる方式は、企業単独型と団体管理型に大別される。企業単独型は、受け入れ対象者の範囲が海外にある支店、子会社、または合弁企業の従業員などに限定されるなど要件が厳しいのに対して、団体管理型は、商工会議所や協同組合の責任と管理のもとで受け入れることができるので、中小企業にとって現実味のある選択肢と言えよう。

２０１８年12月８日に改正出入国管理法が成立したことで人手不足が深刻な建設、農業、介護、外食、宿泊など14業種を対象に、２０１９年４月に新たな在留資格として最大５年の滞在が可能となる「特定技能１号」（一定の技能）及び今後の移民政策を見据えて期限のない滞在が可能となる「特定技能２号」（熟練技能）が創設されることになった。政府は、２０２５年までには50万人超の外国人を受け入れると表明するなど、面舵いっぱい切ることで単純労働に門戸を開くことになった。

今回対象となる業種の企業にとっては暁光が差し込んできたと思わずにいられない。ここは、政府の英断に素直に感謝して受け入れよう。外国人など嫌だ、雇いたくないと我儘を言っている場合ではもう既にない。企業の新しい時代をアジアの仲間と共に築き上げていこう。

第１００話　専門家を活用する

我が国には、国家資格としての「士業」が存在し、それぞれの士業が各専門分野を独占業務として許されている。厳しい国家試験に裏打ちされた「専門知」と実務経験を重ねた「経験知」でもって、問題解決に関与しているのである。

第100話まで来て、とうとう手前味噌な話になってしまって恐縮するが、「働き方改革」などを推進して「人手不足」問題を解決していくのは、主体こそ経営者であるものの、全部が社会保険労務士の仕事と言い切って間違いない。この問題解決は一筋縄ではいかず最たる応用問題である。到底、法律や労務管理の知識だけではその解決が許されず、経済、歴史、人間の心、そしてAIやITなどに関する見識が問われることになる。すなわち全人格を賭しての総力戦と覚悟してかかるべき問題なのである。

ここで、社会保険労務士法第1条（目的）を紹介しておきたい。

（第1条）
この法律は、社会保険労務士の制度を定めて、その業務の適正を図り、もって労働及び社会保険に関する法令の円滑な実施に寄与するとともに、事業の健全な発達と労働者等の福祉の向上に資することを目的とする。

社会保険労務士をして労働弁護士と理解する人もいるが、これは全然違う。なぜかと言えば、労働弁護士が代理人として経営者、労働者のいずれか一方のみに与するのに対して、社会保険労務士には経営者、労働者、双方の立場を中立公正に考え、行動することが法律で要請されているからである。労働弁護士がややもすると紛争をあおって訴訟で解決するのに対して、社会保険労務士は紛争の予防を主題とする士業である。その意味で、「中庸」といった言葉が存在するように、実に東洋思想に立脚した士業ではないかと思う。

２００５年から個別労働紛争について「あっせん手続の代理」と「労働争議への介入」が認められ、２０１４年からは裁判所で補佐人として「出廷陳述権」が与えられるなど、日常の労務管理から労働紛争、ひいては訴訟（弁護士と同席）まで一気通貫で責任ある関与ができるようになった。全国で４万人を超える会員が活躍し、労働・社会保険のみならず働き方改革や人手不足の問題解決などに関しても相当な見識を持つ集団であることは申し上げるまでもない。

世に２・８の原則が存在する。これは、イタリアの経済学者パレートが生み出した法則であって、全体の数字の８割は全体の２割が生み出しているとの法則である。勝ち組２割に対して負け組８割ということにも通じるらしい。筆者の見立てでは、社会保険労務士が顧問として関与している企業は2割程度（統計とは別）ではないかと思料する。一歩踏み出して、社会保険労務士を活用することで人手不足問題の解決に関してリードするのか、それとも傍観することでその他大勢組に甘んじるのかが問われる時代となった。くれぐれも良き専門家としての社会保険労務士を活用して人手不足問題を乗り切っていただきたいと切に願うところである。

あとがき

年々歳々巨大化していく人手不足という名のモンスターを克服することで、この国の企業とそこで働く従業員の一隅を照らしたいとの思いから本書を上梓した次第である。

人手不足を解消するためには、企業の生産性改革を推進する「北風」のような峻厳さと従業員の自由な働き方を受けとめる「太陽」のような大らかさがセットで必要となることを本書の執筆を通じてつまびらかにしてきたつもりである。

その意味で、理想論に走った反省もあるが、人手不足を解消した先には、従業員をはじめとするステークホルダーと共にWE ARE「THE PLATINUM COMPANY」つまりは持続的に社会と共存共栄できる楽園企業とも言うべき存在となって燦然と輝き続けていただきたいと切に願うものである。

最後に、本書の執筆に際しては、株式会社風詠社の大杉社長、藤森氏をはじめ、楠正宏先生、学校法人エール学園の長谷川理事長、がんこフードサービス株式会社の東川副会長、株式会社ステップアップの池田社長、株式会社ダイフクの下代社長、ビジネスブレイン協同組合の岡嶋代表理事、富士通株式会社の能任氏、流通企業株式会社の三輪社長、株式会社ネットトオンの木嶋社長などから格別のご支援、ご協力を頂戴したことに感謝申し上げて、あとがきとさせていただきたい。

２０１８年12月吉日
社会保険労務士　土橋純一郎

参考文献

・石田光男（1990）『賃金の社会科学』中央経済社
・石田光男［共著］（1997）『日本のリーン生産方式』中央経済社
・小池和男（1998）『日本の雇用システム』東洋経済新報社
・坂本光司（2008）『日本でいちばん大切にしたい会社1』あさ出版
・井上礼之（2008）『基軸は人を貫いて』日本経済新聞出版社
・太田肇（2011）『承認とモチベーション』同文館出版
・太田肇（2018）『「ネコ型」人間の時代』平凡社新書
・大橋高広（2017）『人事部のつくりかた』主婦の友社
・正木忠（2018）『アンガーマネジメント 品質管理は心の管理』総合科学出版
・厚生労働省編（2017）『平成29年版 労働経済白書』
・厚生労働省編（2017）『平成29年版 厚生労働白書』
・イヴォン・シュイナード（2017）『社員をサーフィンに行かせよう パタゴニア経営のすべて』ダイヤモンド社

著者略歴

土橋　純二郎（どばし　じゅんじろう）

特定社会保険労務士

1960年大阪生まれ。同志社大学大学院修了。

鉄道会社での勤務を経て、1990年土橋労務管理事務所創立。

「会社を守る就業規則」「労働トラブルの予防と解決」「働き方改革は生産性改革」など、経営者のための労務指導に取り組む。

E-mail：jdobasi@arion.ocn.ne.jp

www.dobashi-roumu.gr.jp

全国社労士会連合会理事、厚生労働省大阪紛争調整委員会委員、大阪府人事監察委員会委員、大阪市きらめき企業賞選考委員会委員、同志社校友会大阪支部産官学部会（LCC）会長など歴任し公益活動に尽力。

主な著書として

コンソーシアムDブレーン編（2011）『中小企業の社長に役立つ本』風詠社　共著

THE PLATINUM COMPANY

―100の処方箋で人手不足を乗り越えて―

2019年1月29日　第1刷発行

著　者　土橋純二郎

発行人　大杉　剛

発行所　株式会社 風詠社

〒553-0001　大阪市福島区海老江5-2-2

大拓ビル5 - 7階

Tel 06（6136）8657　http://fueisha.com/

発売元　株式会社 星雲社

〒112-0005　東京都文京区水道1-3-30

Tel 03（3868）3275

装幀　2DAY

印刷・製本　シナノ印刷株式会社

ISBN978-4-434-25637-0 C2034